Spiegelt sich Literatur in der Wirklichkeit?

Antwort auf die Preisfrage
der Deutschen Akademie für Sprache und Dichtung
vom Jahr 1992

Monika Schmitz-Emans

Spiegelt sich Literatur in der Wirklichkeit?

Überlegungen und Thesen zu einer Poetik der Vorahmung

Mit einem Vorwort von
Hanno Helbling

WALLSTEIN VERLAG

Die Deutsche Bibliothek – CIP-Einheitsaufnahme

Schmitz-Emans, Monika:
Spiegelt sich Literatur in der Wirklichkeit? :
Überlegungen und Thesen zu einer Poetik der Vorahmung;
[Antwort auf die Preisfrage der Deutschen Akademie für Sprache
und Dichtung vom Jahr 1992] / Monika Schmitz-Emans.
Mit einem Vorw. von Hanno Helbling. –
1. Aufl. – Göttingen : Wallstein-Verl., 1994

ISBN 3-89244-118-9

Vom Verlag gesetzt aus der Adobe Garamond
Druck: Hubert & Co., Göttingen

ISBN 3-89244-118-9

Inhalt

Vorwort

Wenn Oscar Wilde erklärt, es komme »weit öfter vor, daß das Leben die Kunst nachahmt als die Kunst das Leben«, bewegt er sich noch im Grenzbereich eines geistreichen Redens, das sich des eigenen »wahren Kerns« mehr durch Intuition als durch Analyse versichert. Im Grenzbereich aber auch eines Wirklichkeitsverständnisses, das im Begriff ist, den Boden unter den Füßen zu verlieren. Anderseits würde man sich nicht wundern, den Satz – so wie Monika Schmitz-Emans ihn übersetzt hat – schon unter den Fragmenten eines philosophierenden Frühromantikers anzutreffen.

»Spiegelt sich Literatur in der Wirklichkeit?« Die Autorin gesteht der Preisfrage der Deutschen Akademie für Sprache und Dichtung von vornherein zu, daß sie »harmloser klingen« könnte, »als sie ist«. Die Frage, wie immer sie klingen mag, verlangt jedenfalls keine harmlosen Antworten, und der Jury ist es nicht schwer gefallen, einen Essay auszuzeichnen, der nicht harmloser ist, als er klingt. Denn er radikalisiert die Frage, oder eher: versteht sie so radikal, wie sie bei einigem Nachdenken unweigerlich wird.

Drei Schritte: Wenn Literatur bewirken kann, daß wir »anders« wahrnehmen, hat sie dann nicht die Art unseres Wahrnehmens zuvor schon bestimmt? Und wenn sie stets darauf Einfluß nimmt, wie wir wahrnehmen – warum dann nicht auch darauf, *was* wir wahrnehmen? Und wenn sie so unsere Wahrnehmung lenkt, ist dann vielleicht sie es, die macht, *daß* wir wahrnehmen?

Im Zug solcher Radikalisierung der Frage mag sich allerdings ihr Wortlaut – der noch dem Muster des Wilde'schen Paradoxons verwandt scheint – als revisionsbedürftig erweisen. Was heißt »spiegeln«, und was ist mit »Literatur« gemeint? Monika Schmitz-Emans rückt die Formulierung zurecht, wenn sie sagt: »Literatur kann sich deshalb in der Wirklichkeit ›spiegeln‹, weil alle Wirklichkeit als Spiegelbild der Sprache angesehen werden kann.« Da bleibt zwar die Spiegelmetapher noch stehen, indem aber »Sprache« gesagt wird, kommt ein strukturelles Prinzip in Sicht. Wirklichkeit ist je sprachlich verfaßt, und was sie aufweist, ist die – historische, individuelle – Grammatik, die ihre Ordnung vorgeahmt hat.

Die Wirklichkeit erscheint so »in a questionable shape«, aber die Antwort auf unsere Preisfrage erinnert mit Recht daran, daß schon Don Quichote die Welt anders hat lesen können, als ihre wahre Identität sie haben wollte. Und lehrt der »tiefsinnige Ritter« uns nicht, die Gewißheiten, die uns abhanden kommen, als Möglichkeiten wiederzugewinnen?

Zürich, im März 1994 *Hanno Helbling*

Statt einer Vorbemerkung: ein Vorbericht

Die Bewohner von Tlön hängen allesamt einer radikal-idealistischen Lehre an; man betrachtet »die Welt als eine Folge geistiger Vorgänge [...], die sich nicht im Raum, sondern nacheinander in der Zeit abspielen«.[1] Gegenstände und Methoden der Erkenntnis stehen im Zeichen der herrschenden »Philosophie des Als Ob«, von welcher ein denkwürdiger Multiplikationseffekt ausgeht: »Es wimmelt von unglaublichen Systemen«; das Wirkliche unterliegt verschiedensten hypothetischen Auslegungen. Die Metaphysiker selbst betrachten die Metaphysik als »ein[en] Zweig der phantastischen Literatur« und haben den Anspruch auf Wahrheit, ja selbst den auf Wahrscheinlichkeit, um des vorrangig erstrebten Erstaunens willen preisgegeben. Eine bestimmte Schule hält die »Geschichte der Welt – und darin unser Leben und die geringfügigste Einzelheit unseres Lebens« – für »die Schrift einer untergeordneten Gottheit«, welche auf diesem Wege mit einem Dämon kommuniziere: also für ein Stück Literatur. Was zunächst als bloße Verstiegenheit des Denkens und Glaubens beiseitegeschoben werden könnte, hat schließlich spektakuläre und subversive Folgen: Von jener gedanklichen Ableitung alles Wirklichen (der Ideenwelt, der Weltgeschichte, des eigenen Lebens) aus phantastisch-literarischen Entwürfen bleibt nämlich die Welt von Tlön nicht unbetroffen. Wie zur Bestätigung des idealistischen Grundansatzes

1 Vgl. Jorge Luis Borges: ›Tlön, Uqbar, Orbis Tertius‹. In: ›Erzählungen 1‹. (= ›Gesammelte Werke 3 / I‹). Nach der Übersetzung von Karl August Horst bearbeitet von Gisbert Haefs. München / Wien: Hanser 1981, S. 93-112. Aus diesem Text stammen, soweit nicht anders ausgewiesen, die Zitate dieses Abschnitts.

paßt sie sich dem Gedanken an; das spekulativ Ausgelegte wird zum Produkt seiner Auslegung. Besonders offenkundig geschieht dies dort, wo von Menschen, welche mit besonderer Einbildungskraft begabt sind, etwas Gegenständlich-Reales durch bloße imaginative Antizipation hervorgebracht wird.

> »Der Idealismus von Jahrhunderten und Aberjahrhunderten ist an der Wirklichkeit nicht spurlos vorbeigegangen. So ist in den ältesten Gebieten von Tlön die Verdoppelung verlorener Gegenstände nichts Seltenes. Zwei Personen suchen einen Bleistift; die erste findet ihn und sagt nichts; die zweite findet einen zweiten nicht minder wirklichen Bleistift, der jedoch ihrer Erwartung besser angepaßt ist.«

Man nennt diese »Sekundärgegenstände«, die sich von ihren Urbildern nur durch ihre etwas größeren Ausmaße unterscheiden, »hrönir« (Singular: hrön), und nachdem die ersten ihrer Art zufällig erzeugt wurden, avanciert die gezielte Produktion von hrönir in Tlön bald zum beliebten und verbreiteten Experiment. Anders als die hrönir, deren imaginative Erzeugung immerhin noch von der Existenz eines Originals abhängt, das freilich abwesend sein muß und außerdem langsam in Vergessenheit geraten darf, wenn man aus einem hrön ersten Grades ein hrön zweiten Grades generiert und so fort – anders als diese Sekundärgegenstände, darf eine zweite Gattung von Phantasieprodukten für sich selbst sogar den Charakter des Originals, gleichsam des Primärgegenständlichen, beanspruchen: »reiner als das hrön ist manchmal das ur: das durch Suggestionen erzeugte Ding, der von Hoffnung herangebildete Gegenstand.« Das »ur« entsteht allein aus der Einbildungskraft. Zur idealistischen Lehre Tlöns paßt die »methodische Züchtung« von hrönir und urs insofern ausgezeichnet, als jene Experimente die Hypothese nahelegen, ganz Tlön könne ein hrön oder gar ein ur sein: eben ein Produkt der »phantastischen Literatur«. (Daß Tlön in der Tat ein solches Phantasieprodukt ist, weiß der Leser, dessen Standort außerhalb des Textes liegt, natürlich, denn er liest ja eine Geschichte von Jorge Luis Borges – aber darum geht es hier nicht, oder besser: noch nicht.) Auf der Ebene der Borgesschen Fiktion ist Tlön zunächst einmal ein Reich, dessen Wesen und Gesetze der Erzähler aus einem Nachschlagewerk kennt: aus dem mysteriösen elften Band der ›First Encyclopedia of Tlön‹. Mit der Zeit klärt sich allerdings für den Erzähler und für den Leser auf, daß Tlön auch auf dieser Ebene ein Produkt der Einbildung ist, und zwar ein kollektives. Die Tlön-Welt wurde erdacht von einer Geheimgesellschaft, deren früheste Vorläuferin sich im 17. Jahrhundert konstituierte; unter anderem sollen der Mathematiker Dalgarno und der Philosoph Berkeley ihr angehört haben, wie der Erzähler berichtet. (Berkeley, der die Existenz einer von der Wahrnehmung unabhängigen Außenwelt leugnete, dürfte am Gedankenexperiment einer künstlichen Weltschöpfung im Medium der Literatur besonderes Gefallen gefunden haben.)

Mit der Entlarvung Tlöns als ehrgeiziges gemeinschaftliches Phantasma durch den erzählenden Chronisten könnte es für diesen selbst wie für den vom Text angesprochenen impliziten Leser nun eigentlich sein Bewenden haben, wenn es nicht plötzlich etwas Neues über deren eigene Welt, die sogenannte Realität, zu berichten gäbe: Jenes prägende Charakteristikum der erdachten Welt – das Auftauchen von hrönir und urs – ist plötzlich auch hier zu registrieren, obwohl doch allein die Phantasie Tlön samt seiner ganzen Gesetzlichkeit und Ausstattung hervorgebracht hatte. Was geschieht? Die »phantastische Welt« bricht in Gestalt numinoser Objekte »in die reale Welt ein«; unerklärliche Objekte aus unbekannter und mit unseren Naturgesetzen nicht zu vereinbarender Materie tauchen in verschiedenen Ländern auf.

Aufgelöst ist die Grenze zwischen der imaginären, zunächst nur auf dem Papier existierenden Welt von Tlön und der Wirklichkeit, in der unser Erzähler lebt, jener Welt also, in der sich Ereignisse und Taten auf dem Leser vertraute Weise lokalisieren und datieren ließen. Dalgarno, Berkeley und der Erzähler »Borges« stehen nun auf einer Ebene mit den Bewohnern von Tlön. Muß nicht Analoges für den Leser gelten, der seinerseits ja Ansprechpartner für »Borges« ist? Und so wie die Vermutung naheliegt, daß die hrönir und urs in Tlön eine Folge des dortigen idealistischen Weltkonzepts sind – oder pointierter: daß sie als reale Objekte von der im weiteren Sinne literarischen Phantasie der Tlöner erzeugt wurden –, so scheint es bei Betrachtung der umrahmenden Außenwelt, als sei das Auftauchen der Tlön-Objekte eine analoger Folge der intensiven Auseinandersetzung diverser »realer« Gelehrter mit dem literarischen Projekt Tlön. Man muß sich offenbar mit hrönir und urs bloß in Gedanken beschäftigen, um bereits die Bedingungen für ihr Erscheinen zu schaffen. Die obsessive kollektive Spekulation über Tlön hat dieses Reich aus dem Aggregatzustand eines bloßen Phantasiegebildes in einen Gegenstand der – wiederum kollektiven – Erfahrung verwandelt. Als schließlich doch noch sämtliche vierzig Bände jener numinosen ›Ersten Enzyklopädie von Tlön‹ – vielleicht auf ausdrückliches Betreiben der Erfinder, vielleicht aber auch als Folge der sich ausbreitenden phantastischen Spekulationen über ihren Inhalt – auftauchen, als man gar in der Folge davon deren Inhalt auf der ganzen Erde bekannt macht, wird Tlön endgültig zu einem Stück Wirklichkeit. Oder wird die Wirklichkeit zu einem Stück Tlön? Wer wollte hier noch differenzieren? Sicher ist: Die scheinbar völlig anderen Gesetzen unterliegende irdische Realität erweist sich als verformbar durch eine Schöpfung literarischer Phantasie. Offenbar hat die Welt nur auf ein universales

Prinzip gewartet, das ihr eine Regel, eine Ordnung vorgäbe.

> »Fast im selben Augenblick gab die Wirklichkeit in mehr als einem Punkt nach, und zwar gelüstete es sie, nachzugeben. Noch vor zehn Jahren reichte jede den Anschein von Ordnung erwekkende Symmetrie – der dialektische Materialismus, der Antisemitismus, der Nazismus – völlig aus, die Menschen zu betören. Wie sollte man sich nicht Tlön unterwerfen, der minuziösen und umfassenden Ersichtlichkeit eines geordneten Planeten?«

Man substituiert die bislang in der gegenständlichen Realität gültigen Gesetze durch die einst fingierten und literarisch fixierten Gesetze von Tlön, wobei sich die Faszinationskraft letzterer vor allem dadurch erklärt, daß sie von Menschen erdacht wurden, während die von ihnen abgelösten Naturgesetze göttlich, also un-menschlich und dem Menschen niemals völlig verständlich waren. Der Tlönsche Realitätsentwurf verheißt als menschliches Konstrukt die Möglichkeit einer vollendeten Welterkenntnis. Damit paßt sich die Geschichte des Eindringens Tlönscher Gesetzlichkeit in die »Welt« dem wichtigsten Grundsatz neuzeitlich-abendländischer Erkenntnistheorie an, jener folgenreichen Idee nämlich, daß für das erkennende Subjekt eben das zum möglichen Gegenstand des Erkennens werde, was es selbst gemäß eigenem Entwurf hervorgebracht habe. Um entsprechend erkennbar zu sein, assimiliert sich die Welt jetzt radikal dem Gedanken. Erst jetzt? – so könnte sich der Leser fragen. »Tlön mag ein Labyrinth sein, doch ist es ein von Menschen entworfenes Labyrinth, ein Labyrinth, dessen Sinn es ist, von Menschen enträtselt zu werden.« Von der phantastischen Welt Tlöns geprägt sind – worauf schon die erwähnten mysteriösen Fundstücke aus fremdartiger Materie hindeuten – keineswegs nur die *Gedankengänge* derer, die Realität auslegen und im Zuge ihrer Deutungen und Enträtselungen gleichsam nachträglich Gesetze und Regeln in sie hineinlesen. Betroffen ist vielmehr auch die *alltägliche Lebenswelt.* Anders gesagt: Tlön bleibt keine bloß theoretische Konzeption, es wird zur praktischen Realität.

> »Die Berührung und der Umgang mit Tlön haben diese unsere Welt aufgelöst. [...] Schon ist das (erschlossene) ›Uridiom‹ von Tlön in die Schulen eingedrungen; schon hat seine harmonische Geschichte (die so voll ist von bewegenden Episoden) die in meiner Jugend herrschende ausgelöscht; schon nimmt in den Memoiren eine fiktive Vergangenheit die Stelle einer anderen ein, von der wir nichts mit Sicherheit wissen – nicht einmal, daß sie falsch ist. Man hat die Numismatik, die Arzneikunde, die Archäologie reformiert. Ich halte für ausgemacht, daß die Biologie und die Mathematik ebenfalls ihrer erneuerten Gestalt harren ...«

Tlön und die von dieser imaginären Welt ausgehende Metamorphose der historischen Welt (nicht nur der gegenwärtigen, sondern rückwirkend auch der vergangenen, die ja durch eine andere Vergangenheit, durch tlönische Erinnerungen an eine imaginäre Alternativ-Vorgeschichte, ersetzt wird) beweisen mit allem Nachdruck die Macht literarischer Phantasie zur Prägung dessen, was einer Gemeinschaft denkender Wesen als »Realität« erscheint.

Die Bedingungsverhältnisse sind in unserem Musterfall auf so schlichte wie verstörende Weise klar. Am Anfang stand ein poetisches Projekt: der kollektive Entwurf einer neuen Welt mit neuen Gesetzen sowie die Fixierung dieser imaginären Welt im Medium der Schrift. Die zunächst vereinzelte, dann kollektive Rezeption jenes literarischen Entwurfs führte zu neuen Spielregeln und Modalitäten der Auslegung jeglicher »Welt«, auch der eigenen Lebenswelt. Und dies bedingte dann (und bedingt laut Erzählerbericht noch) deren allmähliche Verwandlung. Denn was den Menschen als Wirklichkeit gilt, ist das Produkt ihrer eigenen Auslegung, und was sie fortan realisieren, paßt sich eben dem Stand ihrer Auslegungen und Entwürfe an. Die reformierten Naturwissenschaften erzeugen eine andere »natürliche« Welt als ihre Vorgängerinnen, und die reformierte Historiographie produziert eine andere Vergangenheit als die, auf welche man sich als Historiker bislang bezog. Nicht also, daß *einzelne* unerklärliche – oder besser: nur als »Tlön-Objekte« erklärliche – Dinge in der Welt auftauchen, ist für die Metamorphose der Erde in einen Nebenplaneten Tlöns maßgeblich (obwohl derlei Vorfälle die Tlönsche Idee einer Produktion von Realem durch den Gedanken plausibel erscheinen lassen und insofern auf programmatische Weise bedeutsam sind). Entscheidend ist vielmehr die bestimmende Macht der Deutung für das Gedeutete – eine Macht, die sich vor allem im Prozeß wissenschaftlicher und historiographischer Weltauslegung zeigt. Auch und gerade hinter den Wissenschaften aber steht als eigentlich lenkende Instanz die literarische Phantasie. Diese konstituiert alles Gegenständliche erst einmal im Ganzen, bevor es im Einzelnen untersucht werden kann.

Das fiktive Reich Tlön ist – in der Terminologie Tlöns gesprochen – ein »ur«: ein komplexer Gegenstand rein gedanklichen Ursprungs. Die irdisch-historische Welt aber erweist sich in unserer Erzählung schließlich als »hrön«: als ein komplexer »Sekundärgegenstand«, wiederum hervorgebracht von der Macht des Gedankens, der sich an einem abwesenden Original (eben am imaginären Reich von Tlön) orientiert. Absehbarer Zielpunkt der Gesamtentwicklung ist ein präzises Spiegelungsverhältnis zwischen Tlön und der historischen Wirklichkeit. Den Antizipationen der Phantasie werde sich das Wirkliche auch weiterhin anpassen, so mutmaßt unser Erzähler entsprechend; vermutlich werde man etwa »in hundert Jahren [...] die hundert Bände der Zweiten Enzyklopädie von Tlön entdecken«. Nichts und niemand anderes als die Sehnsucht nach einer ausführlicheren Beschreibung

Tlöns wird diese Beschreibung hervorbringen. Besiegelt werde, so der Erzähler weiter, in absehbarer Zukunft die zu erwartende Assimilation der gesamten Wirklichkeit an die Gedankenwelt Tlöns insbesondere durch die Verdrängung aller irdischen Sprachen; das Tlönsche Idiom ist schon dabei, diese abzulösen. Mit dieser Schlußprognose wird der Leser daran erinnert, daß zumal die in einer Kommunikationsgemeinschaft jeweils gebräuchliche und sie prägende Sprache konstitutiven Anteil an dem hat, was als »wirklich« gilt. Soll man nun die Leistung und die Macht derer bewundern, die Tlön und seine von den bisherigen irdischen Idiomen abweichende Sprache erfanden und damit nicht nur auf die Gedanken, sondern auf die Lebenswelt ihrer Leserschaft einen so radikalen Einfluß ausübten? Oder soll man eben diese Macht fürchten, weil auf der Basis jenes unwiderleglichen Idealismus sowohl der Erkenntnisprozeß selbst als auch seine Gegenstände zu Relaten einer prinzipiell nicht zu bändigenden Phantasie werden? »Die Welt wird Tlön sein«: Die Prophezeiung des Erzählers, der sich in der Rolle eines isolierten Dieners der »alten«, der irdischen Literatur und der von dieser erschlossenen Welt sieht, klingt zumindest ambivalent. Und dies nicht allein, weil die Phantasie, wenn sie denn schon eine transzendentale Instanz ist, sowohl böse als auch gute Wirklichkeiten erzeugen mag (der Vergleich der »betörenden« Wirkung Tlönscher Ideologie mit der bösen Verführungskraft der großen totalitären Systeme weckt im Leser gewiß berechtigtes Unbehagen). Mehr noch deshalb, weil das phantasiebegabte menschliche Ich im Prozeß der literarisch-phantastischen Metamorphose von »Welt« eine zwielichtige Rolle spielt: Es scheint gelegentlich dem Zauberlehrling zu gleichen, der sich anmaßt, über die »natürliche Magie der Einbildungskraft« (Jean Paul) zu gebieten und dabei unter seinen eigenen Füßen den Boden wegzieht, auf dem er doch einen festen Standpunkt gefunden zu haben wähnte. Zu den dringlichsten Fragen, welche sich aus der These von der transzendentalen Funktion der Einbildungskraft anschließen, gehört die nach der eigentlich einbildenden Instanz. Ist das selbstbewußte Ich das transzendentale Subjekt, der »Autor« nicht allein des literarischen Phantasiekonstrukts, sondern auch des aus diesem Konstrukt generierten hröns namens Wirklichkeit? Oder ist es – in dieser eingebildeten Eigenschaft als »Subjekt« – selbst nichts anderes als ein literarisch generiertes hrön, ja womöglich ein urbildloses ur, das Derivat eines Wunsches, einer Sehnsucht nach Existenz? Sind am Ende innere und äußere Wirklichkeit nichts anderes als Spiegelbilder von Entwürfen der »phantastischen Literatur«?

Aspekte der Fragestellung

Wo nach der »Spiegelung« von Literatur in der Wirklichkeit gefragt ist, wird erstere als Urbild, letztere als Abbild in Betracht gezogen. Angesichts zweier identischer (nur eben spiegelverkehrter) »Bilder« hängt es vom Standort des Betrachters ab, welches er als »Original«, welches er als »Derivat« interpretiert. Von einem Beobachtungspunkt »hinter den Spiegeln« aus sieht – wie das Beispiel von Lewis Carrolls Alice zeigte – einiges anders aus als gewöhnlich, weil sich die geläufige Perspektive, insbesondere die Sicht auf Kausalzusammenhänge, umkehrt. Warum sollte sich von hier aus nicht die sogenannte Realität als ein Projekt der Einbildungskraft betrachten lassen? Fundamentaler als die Frage, ob Literatur die Wahrnehmung des Leser »neu« codiere, erscheint übrigens die Frage, ob sie sie »immer schon« codiere. Wenn die Möglichkeitsbedingungen und Folgen einer solchen stetigen Codierung offengelegt sind, bereitet es keine Schwierigkeit mehr, sich Um-Codierungen zu denken und Indizien für sie aufzuspüren. Die Frage nach einer »Programmierung« der Wahrnehmung durch die Literatur mag sogar harmloser klingen als sie ist. Zunächst einmal betrifft sie natürlich die Funktionen und Konsequenzen der literarischen Werke für die Leser – akzentuiert als Frage, ob diese womöglich als Folge der Lektüre dieses oder jenes Werks die Wirklichkeit oder einzelne Segmente aus dieser »anders« wahrnehmen als zuvor. Wer wäre nicht schon aus der eigenen Lesererfahrung heraus geneigt, diese Frage nachdrücklich zu bejahen und damit als erledigt zu betrachten? Wer hätte nicht schon des öfteren Gelesenes in der sogenannten Realität »wiedererkannt«, Personen etwa als verblüffende Realisationen eines literarischen Urbildes wahrgenommen – sei es (um nur wenige beliebige Beispiele zu nennen) eines Tonio Kröger oder eines Felix Krull, eines Zeno Cosini oder eines Törleß? Ist die Welt für den passionierten Leser nicht bevölkert von Siegfrieden und Don Juans, von Melusinen, Colombinen und Emma Bovarys? (Ganz zu schweigen vom Personal trivialer Romane und Erzählungen.) Und wer kennt nicht den einen oder anderen Zeitgenossen, dessen zwischen Minderwertigkeitsgefühlen und Erwähltheitsbewußtsein gespannte Selbstdeutung im Zeichen des prägenden Einflusses Kafkascher Briefe und Tagebücher steht? Projiziert nicht schon das lesende Kind die Welt Robinsons oder Old Shatterhands auf seine eigene Umwelt, bis sich diese in jene verwandelt? Reist man nach entsprechender Lektüre nicht jeweils zunächst in das Venedig Aschenbachs, in das Dublin der Joyceschen Helden, in das Prag Kafkas, das Triest Svevos, und verbinden sich Namen und Schauplätze der Mancha nicht so unauflöslich mit einer Lektüre, daß diese bei einer konkreten Ortsbegehung niemals auszublenden ist? Wirken nicht oftmals Ereignisse und Sachverhalte auf den Leser, als müßte er sie in einem

Roman Kafkas, in der ›Suche nach der verlorenen Zeit‹, in der fiktiven Autobiographie des Zeno Cosini oder auch bei Raymond Chandler und bei Patricia Highsmith, wenn nicht gar bei Johannes Mario Simmel schon einmal gelesen haben? Oder etwa – bei Jorge Luis Borges? Nicht, daß Literatur einen Einfluß auf den Wahrnehmungsprozeß der Leser ausüben *kann*, wird angesichts so vieler einschlägiger Beispiele fraglich erscheinen, sondern vielmehr, ob sie dabei heute nicht längst von anderen Medien übertroffen wird: von der Bilderwelt des Films und Fernsehens etwa, von den Illustrierten, den Groschenheften, den Schullesebüchern mit ihren simplen Realitätsentwürfen.

Aber die Ausgangsfrage betrifft nicht allein die »Wahrnehmung« von Wirklichkeit, sondern zugleich deren *Beschaffenheit*. Hat uns doch die kopernikanische Wende in der Erkenntnistheorie gelehrt, auf das Bedingungsverhältnis zwischen beiden zu achten.

> »Bisher nahm man an, alle unsere Erkenntnis müsse sich nach den Gegenständen richten; aber alle Versuche über sie a priori etwas durch Begriffe auszumachen, wodurch unsere Erkenntnis erweitert würde, gingen unter dieser Voraussetzung zu nichte. Man versuche es daher einmal, ob wir nicht in den Aufgaben der Metaphysik damit besser fortkommen, daß wir annehmen, die Gegenstände müssen sich nach unserem Erkenntnis richten, welches so schon besser mit der verlangten Möglichkeit einer Erkenntnis derselben a priori zusammenstimmt [...]. Wenn die Anschauung sich nach der Beschaffenheit der Gegenstände richten müßte, so sehe ich nicht ein, wie man a priori von ihr etwas wissen könne; richtet sich aber der Gegenstand (als Objekt der Sinne) nach der Beschaffenheit unseres Anschauungsvermögens, so kann ich mir diese Möglichkeit ganz wohl vorstellen. [...] ich nehme an, die Gegenstände, oder, welche einerlei ist, die Erfahrung, in welcher sie allein (als gegebene Gegenstände) erkannt werden, richte sich nach diesen Begriffen [= den Begriffen, durch welche die Gegenstände bestimmt werden].«[2]

2 Immanuel Kant: ›Kritik der reinen Vernunft‹, B XVI – B XVII.

Den Worten Kants, der sich mit Recht auf jene Naturforscher beruft, welche schon früher »begriffen, daß die Vernunft nur das einsieht, was sie selbst nach ihrem Entwurfe hervorbringt«,[3] scheint wenig hinzuzufügen – es sei denn der explizite Vorschlag, einmal von der Annahme auszugehen, »die Dinge müssen sich nach unserer Lektüre richten«. Prägt diese – so lautet die Frage eigentlich – nicht die »Beschaffenheit unseres Anschauungsvermögens« in eben dem Maße, als sie uns in ihren Bann schlägt? Richten sich vielleicht manche Erfahrungen – und damit deren Gegenstände! – vielfach maßgeblich nach »Begriffen«, welche durch das Medium Literatur vermittelt werden – wobei man allerdings guten Grund hätte, den Terminus Literatur möglichst weit zu fassen? Sicher ist jedenfalls: Im Horizont transzendentalphilosophischer Reflexion ist die Frage, ob Literatur auf die *Modalitäten* unserer Erfahrung einwirke, gleichbedeutend mit der Frage, ob sie Einfluß nehme auf die *Gegenstände* unserer Erfahrung.

Literatur und Literaturwissenschaft sind von der transzendentalen Fragestellung schon deshalb besonders betroffen, weil diese eine Alternative zu der auf lange Sicht wenig fruchtbaren Konzeption literarischer »Nachahmung« eröffnet und dazu beiträgt, die bequeme Grenzziehung zwischen »Realität« und »Literatur« als trügerischen Kurzschluß zu entlarven.[4] Den weiteren Hintergrund jener (angeblichen)

3 Kant: ›Kritik der reinen Vernunft‹, B XIII.

4 Analoges gilt nach Johannes Anderegg für die Fiktionalitätsdebatte in der Literaturwissenschaft, welche »vor allem deshalb so energisch vorangetrieben wurde, weil sich hier eine Möglichkeit abzeichnete, die unergiebigen und irreführenden Oppositionen ›Wirklichkeit und Kunst‹, ›Wahrheit und Lüge‹, ›Tatsache und Erfindung‹, ›Faktizität und Illusion‹ zu überwinden.« Johannes Anderegg: ›Zum Problem der Alltagsfiktion‹. In: ›Poetik und

Verpflichtung der Literatur auf die abbildende Darstellung von Wirklichkeit, wie er zeitweise weite Teile der Diskussion über Wesen und Funktion des poetischen Werkes bestimmte, bildet natürlich das alte platonische Verdikt von den Dichtern als Lügnern – ein Vorwurf, mit dem sich auseinanderzusetzen stets ein Hauptanliegen von Poesie und Poetik gewesen ist. Erst mit der These vom möglichen Urbildcharakter des Literarischen bewegt sich die poetologische Diskussion definitiv aus diesem Horizont heraus. An die Stelle einer »Poetik der Nachahmung« (die freilich immer eher in den Köpfen der Interpreten und Theoretiker als in denen der Dichter selbst existierte) scheint damit eine »Poetik der Vorahmung« treten zu können, welche dem komplexen Spiel von Wechselwirkungen zwischen literarisch-imaginären »Welten« und Erfahrungswirklichkeit eher als jene gerecht wird. Das Interesse der Literaturwissenschaft und zumal der Literatur, letztere definitiv vom Odium des bloßen Derivats zu befreien, einer zweifelhaften Kunst also, welche angeblich trügerische Scheinbilder an die Stelle der »Originale« setzt – dieses Interesse konvergiert mit dem erkenntnistheoretischen Anliegen einer Erhellung der transzendentalen Genese von Welt-Entwürfen. Wo über Wirklichkeit als über ein Spiegelbild der Literatur nachgedacht wird, da erscheint sie ferner als etwas Bewegliches, Flüssiges, Wandelbares, von dem sich kein definitiver Begriff fassen läßt. Die für die Moderne charakteristische Erschütterung jedes statischen Konzepts von

Hermeneutik X: Funktionen des Fiktiven‹. Hrsg. von Dieter Henrich und Wolfgang Iser. München: Fink 1983, S. 379. In der sprach- und literaturwissenschaftlichen Diskussion habe sich weitgehend »die Auffassung durchgesetzt, daß die Bestimmung von Fiktionalität nicht auf die Frage nach Wirklichkeit, Wahrheit oder Überprüfbarkeit zurückzuführen sei.« (›Poetik und Hermeneutik X‹, S. 379)

»Wirklichkeit« und von »Wahrheit« macht sich in den Naturwissenschaften, in der Philosophie und in der Literatur gleichzeitig und mit gleicher Intensität geltend.

Man mag die Funktion des Gelesenen für die Erfahrungen des Lesers (und mithin für die Gegenstände dieser Erfahrung) in einer ersten Annäherung durch den Begriff des »Modells« verdeutlichen.[5] Das Modell des Architekten, an das mit diesem Ausdruck vorrangig gedacht ist, impliziert einen Vorschlag zur Realisierung eines Projekts. Dieser Vorschlag ist nicht bindend, aber suggestiv; im Extremfall ist das Realisierte ein Double des Modells, besteht zwischen beiden ein direktes »Spiegelungsverhältnis«. (Das Modell »spiegelt« sich im verwirklichten Objekt und umgekehrt.) Andere Modelle liefern nur Grundrisse des zu Realisierenden; auch hier freilich ist das Bedingungsverhältnis zwischen Modell und Realisation eindeutig. In seiner Abhängigkeit von den Gesetzen und Grenzen möglicher Umsetzung ist das Modell

5 »Modelle« verstehen sich nicht als Abbildungen, sondern sie stellen strukturell-funktionelle Zusammenhänge dar; von letzteren aus wird das Wirkliche überhaupt erst erschließbar. Modelle in diesem Sinn sind vor allem dort notwendig, wo die Wirklichkeit für eine unvermittelte Erfassung zu komplex geworden ist. Vgl. Beda Allemann: ›Experiment und Erfahrung in der Gegenwartsliteratur‹. In: Walter Strolz (Hrsg.): ›Experiment und Erfahrung in Wissenschaft und Kunst‹. Freiburg / München 1963, S. 281: »Die Grundlagen eines wirklichen Geschehens werden erst vom geeigneten Modell her deutlich, nachdem das Geschehene selbst in seiner Totalität die Fassungskraft längst übersteigt. Jedermann denkt und urteilt immer schon auf Grund solcher Modelle, bewußt oder unbewußt. Der Schriftsteller in seiner Weise aktualisiert die Modelle als solche, erfindet manchmal neue oder wandelt die alten [...] ab, so daß wir sie wieder in ihrem grundlegenden Modellcharakter erkennen.« (Allemann knüpft mit seinen Überlegungen an den Modellbegriff Max Frischs an.)

kein beliebiges, kein völlig freies Konstrukt; seine Struktur ist im übrigen auch mitbedingt durch frühere Modelle und deren Realisationen. (Literarische Imaginationen und Entwürfe schweben entsprechend gleichfalls nicht im freien Raum, sondern nehmen Bezug auf vorgängige Erfahrungen und deren Bedingtheiten – auch wenn sie letztere verändern, die Modalitäten der Erfahrung sowie deren Resultate verschieben mögen.) Literarische Modelle – »Modelle« insofern sie sich nicht nach Gegebenem richten, sondern als Vorschläge zur Konstitution und Organisation von »Wirklichkeit« zu lesen sind – sollen im folgenden als die Erzeugnisse einer Imaginationskraft betrachtet werden, die sich zwar nicht als unabhängig von jeglicher als wider-ständig erfahrenen Realität begreift, sich jedoch herausnimmt, diese eigenmächtig zu arrangieren.

Angebracht erscheint in diesem Zusammenhang die Besinnung darauf, welch wichtige Rolle die Imagination schon in der außerliterarisch-alltäglichen Wahrnehmung spielt: Sie tritt in ihre Rechte, sobald Abwesendes, Vergangenes oder Zukünftiges vorgestellt wird; sie fungiert ferner als unabdingbares Hilfsmittel, sobald es um die Vergegenwärtigung komplexerer Sachverhalte als der unmittelbar sichtbaren oder hörbaren geht. Das »Ganze« eines Bedingungs- oder Funktionszusammenhangs kann man sich oft nur »ausmalen«, während der Blick am Einzelnen haften bliebe. Ist nicht am Ende schon die Erfassung einer komplizierten Fülle von Sinnesdaten als »ein« Bild eine produktiv-synthetische Leistung? Nicht nur im Erinnerungs- und Antizipationsprozeß, sondern auch bei der Wahrnehmung eines »Hier und Jetzt« wäre demnach die Einbildungskraft auf maßgebliche Weise im Spiel. Jean Paul hat in seinem Essay ›Über die natürliche Magie der Einbildungskraft‹ schon früh darauf hingewiesen, daß zwischen Phantasie und Erinnerung nur ein gradueller, kein kategorialer Unterschied bestehe.[6] Die magische Einbildungskraft, Abwesendes evozierend und Gegenwärtiges verwandelnd, stellt für Jean Paul das eigentliche transzendentale Vermögen dar. Die Grenze zwischen »literarischer« und »nichtliterarischer« Imagination ist letztlich fließend – was es ersterer erleichtern dürfte, mit ihren Modellen dort auszuhelfen, wo es um komplexe oder um abwesende Gegenstände geht.[7] Auf die konstitutive Bedeutung imaginativer Anteile am Wahrnehmungsprozeß haben von philosophischer Seite Hume, Kant und Wittgenstein hingewiesen, sei es durch Betonung der Tatsache, daß die Identität des jeweiligen Wahrnehmungsobjekts überhaupt jeweils erst aktiv-imaginativ fest-gestellt werden muß, sei es durch Gleichsetzung alles Sehens mit einem »Sehen als«.[8] Die Wahrnehmung erschafft die »Wirklichkeit«, ist ihrerseits aber abhängig und immer wieder aufs neue beeinflußbar durch Wahrnehmungsmuster,

6 Jean Paul: ›Über die natürliche Magie der Einbildungskraft‹. In: ›Werke‹. Hrsg. von Norbert Miller. Abteilung I, Bd. 4. München: Hanser 1962, S. 195-205.

7 Zu erinnern wäre in diesem Zusammenhang wohl daran, daß auch die begriffliche Differenzierung zwischen »Realität« und »Fiktion« nicht selbstverständlich ist und nicht zu allen Zeiten vollzogen wurde. (Vgl. Hans Robert Jauss: ›Zur historischen Genese der Scheidung von Fiktion und Realität‹. In: ›Poetik und Hermeneutik X‹, S. 423.) Ohne daß das literarische »Modell« vorschnell und einseitig zur »Fiktion« deklariert werden soll, könnte aber doch für die Differenzierung zwischen »Realität« und literarischem »Entwurf« Analoges angenommen werden.

8 Vgl. dazu Wolfgang Iser: ›Das Imaginäre: Kein isolierbares Phänomen‹. In: ›Poetik und Hermeneutik X‹, S. 480. Isers Resümee der zuvor referierten Positionen zufolge bedarf es »eines Imaginären [...], um die Stabilität des Wahrnehmungsobjekts bzw. des Wahrnehmungseindrucks zu erzeugen, wobei solche inaktuellen oder aspekthaften ›Bilder‹ den Gegenständen ›vorauslaufen‹ müssen, damit sie für uns zu solchen werden.« (S. 481.)

wie sie unter Mitwirkung der Imagination entstehen und in literarischen Modellen ihre relativ solide Ausformulierung finden können. Bedingt durch einen komplexen Prozeß transzendentaler Produktivität sind sowohl die Gruppierung und Strukturierung der Wahrnehmungselemente als auch deren jeweilige Deutung »als etwas«. Dies gilt nun nicht allein für einzelne Gegenstände und Personen, sondern ebensowohl für ganze Verkettungen von Ereignissen.

Auch dafür gibt es eine literarische Parabel, welche der von Borges an Suggestivkraft nicht nachsteht: Von den Interferenzen zwischen literarischem Muster und Erfahrung erzählt Umberto Eco in ›Il Nome della Rosa‹:[9] Der Interpret der Ereignisse im Kloster unterlegt diesen ein literarisches Muster (nämlich eine Textpassage aus der Apokalypse des Johannes), woraufhin sich die weiteren Ereignisse eben diesem Muster assimilieren. Eigentlich hatten die ersten der gedeuteten Ereignisse kausal nichts miteinander zu tun, und das apokalyptische Muster wurde ihnen willkürlich aufgepfropft. Aber das tut der Macht dieses Musters bei der Organisation der Ereignisse keinen Abbruch. Historie wird zur Kopie eines Textes; Geschriebenes spiegelt sich in den Vorfällen, die ihm als Folge des Interpretationsaktes nicht nur chronologisch, sondern auch kausal folgen. Und es geht um noch mehr als um bloße äußere Parallelen zwischen Literatur und »Geschichte«; es geht zugleich auch um die Übertragung von »Bedeutung« von *Text*segmenten auf Segmente der *»Geschichte«*. Als Spiegelbilder eines literarischen Modells gelesen, enthalten die Ereignisse plötzlich eine Botschaft. Dahinter steht eine grundlegende Einsicht: Deutbar wird jedes Ereignis nur im Horizont einer kulturell vermittelten Semiologie, deren Manifestation und Medium insbesondere die Schriften einer

9 Dt.: Umberto Eco: ›Der Name der Rose‹. Übersetzt von Burkhart Kroeber. München / Wien: Hanser 1982.

Kultur- und Traditionsgemeinschaft sind. Die Existenz literarischer Muster bedingt in Ecos Konstruktion also sowohl die Ereignisse selbst als auch die Tatsache, daß sie dem Erkenntnissubjekt etwas »sagen«. Anders formuliert: Sie »sagen« ihm eben das, was ihm der zuvor gelesene Text einflüstert. Variiert und zugleich radikalisiert wird das Konstruktionsmuster der die »Fakten« bedingenden »Fiktionen« in Ecos zweitem Roman ›Il pendolo di Foucault‹.[10] Hier nimmt die rätselhafte Geschichte um ein letztlich gar nicht feststellbares Geheimnis ihren Fortgang gemäß den Antizipationen dreier Beobachter, welche sich mit ihrer bewußt willkürlichen Interpretation der Sachzusammenhänge eigentlich nur einen Scherz erlauben wollten und von der Fügsamkeit der »Wirklichkeit« gegenüber der literarischen Phantasie unangenehm überrascht werden. Und schlimmer noch: Nicht allein das, was sich zeitlich nach der Interpretation der Beobachter ereignet, paßt sich deren »Lesart« der zu deutenden Zusammenhänge an, sondern sogar die Vergangenheit scheint sich rückwirkend nach einem entsprechenden Muster zu arrangieren – so als hätten die drei »Leser« nachträglich ihre eigene Vergangenheit erfinden können. Die erstaunliche Konsequenz, mit der sich das »Wirkliche« einem literarischen Szenario assimiliert, läßt einen der drei Phantasten an magische Operationen denken, bei denen mittels der Zeichen über die bezeichneten »Realitäten« selbst geboten wird. Den zeitgenössischen Literaturtheoretiker wird Ecos Romanfabel vor allem als zugleich spielerische und modellhafte Antwort auf die Frage nach dem Bedingungsverhältnis zwischen »Literatur« und »Wirklichkeit« interessieren.[11]

10 Dt.: Umberto Eco: ›Das Foucaultsche Pendel‹. Übersetzt von Burkhart Kroeber. München / Wien: Hanser 1989.

11 Der vergleichende Literaturwissenschaftler wird darüberhinaus feststellen, daß Ecos Pendel-Roman Thematik, Idee und Hand-

Zur Vorgeschichte der Fragestellung

Die Frage, ob und in welcher Weise die Beschäftigung mit Literatur prägenden Einfluß auf Erfahrung und Interpretation der Wirklichkeit selbst nehme, stellt sich nicht aus heiterem Himmel; sie hat eine längere Vorgeschichte. Diese ist so komplex wie diffus. So könnte etwa schon die Geschichte der traditionsreichen Metapher von der Natur als einem Buch oder einer Schrift als Beweis dafür betrachtet werden, daß die Neigung, Wirklichkeitserfahrung an Strukturen literarischer Provenienz auszurichten, nichts Neues ist: Erscheint nicht hier die Welt insgesamt als Analogon literarischer Projekte, und wird sie als ein solches Analogon nicht eben dann erfahrbar, wenn der Betrachter Bewohner einer Bücherwelt ist? (Aus eben diesem Grund können die Bewohner Tlöns überhaupt erst auf die Idee kommen, ihre Wirklichkeit sei das literarische Werk einer Gottheit. In Tlön wird eben viel – zuviel? – gelesen.) Fasziniert von der Idee, Gott habe sich den Menschen mittels zweier Bücher, der Heiligen Schrift und des Naturbuchs, mitteilen wollen, vertrauten die Natursemiotiker des Mittelalters auf die Lesbarkeit des Welt-»Buches«. Dieses galt ihnen als Analogon des Buchs der Bücher, komponiert aus deutbaren Zeichen und dabei einer einheitlichen, prinzipiell nachvollziehbaren Intention verpflichtet: der Intention, Gottes Autor-Willen mitzuteilen und seine Macht zu bekunden. Der Hinweis auf das Natur-Buch-Konzept als Paradigma einer an Lese-Erfahrungen orientierten Naturerfahrung mag dann auch eine zweite wichtige Funkti-

lungskonstruktion der Borgesschen »Tlön«-Erzählung aufgreift. Dies gilt auch für stoffliche Einzelheiten, wie etwa die über Jahrhunderte hin wirkende Geheimgesellschaft, den widerwillig in den geschilderten Wandlungsprozeß einbezogenen Chronisten, die rätselhaften Objekte als Indizien einer »anderen« Welt.

on solcher Orientierung erhellen: Es geht mit der »Lektüre« von Wirklichkeit stets auch um die Zuschreibung von Sinn an die Erfahrungsdaten – eine Zuschreibung, die dem gläubigen mittelalterlichen und frühneuzeitlichen Anhänger der Zwei-Bücher-Lehre freilich als »Entschlüsselung« eines vorgegebenen Sinnes göttlicher Provenienz galt. Die Moderne steht dagegen eher unter dem von Italo Calvino so treffend wie paradox formulierten Leitwort, die Welt sei nicht lesbar, aber man müsse gleichwohl versuchen, sie zu entziffern.[12] Schriften (welchen spezifischen Inhalts auch immer) liefern – dies qualifiziert sie zu Vergleichsrelaten der Erfahrungswelt, wie der Mensch sie gerne sehen und »lesen« möchte – Modelle für Sinn und Zusammenhang. Zu fragen ist freilich nach dem transzendentalen Grund dieses Sinns, dieses Zusammenhangs: Ist er bei einer göttlichen Instanz zu suchen oder beim Menschen, der Ordnungsmuster ins Chaos hineinliest? Als Bedingung für »Sinnhaftigkeit« gilt bei allen Spekulationen über die »Lesbarkeit« der Welt jedenfalls deren sprachliche oder sprachanaloge Organisation; die zuletzt gestellte Frage lautet unter diesem Aspekt, ob die Wirklichkeit an sich sprachlich verfaßt sei, oder ob das sprachfähige menschliche Ich sie den Strukturen seiner Sprache assimiliere. Die weitere Geschichte des ursprünglich mittelalterlichen Topos von der Natur als einem Buch, einer lesbaren Mitteilung Gottes an die Menschen, ist übrigens durch wichtige Verschiebungen geprägt. In der Romantik fungiert nicht mehr die Bibel als Analogon der Natur, sondern das Buch von Menschenhand – genauer: der poetische Text. Der Vergleich der Wirklichkeit

12 Italo Calvino: ›Die Welt ist nicht lesbar, aber wir müssen gleichwohl versuchen, sie zu entziffern‹. In: ›Zibaldone. Zeitschrift für italienische Kultur der Gegenwart‹. Jg. 1 (1986), H. 1 [April], München / Zürich: Piper 1986, S. 11.

mit einem Gedicht findet etwa bei Schelling und Tieck maßgebliche Ausformulierungen. Auch Hoffmannsche und Jean Paulsche Passagen illustrieren, wie sich der Wahrnehmungsprozeß des die Natur schildernden Subjekts an literarischen Vorbildern, also an Lektüre-Erfahrungen, ausrichtet. Dem romantischen Leser liegt es nahe, in der Erscheinungswelt »Poetisches« wiederzuerkennen, sie als ein Stück »Dichtung« zu betrachten, wenn auch nicht endgültig zu »entziffern«. Für die gesamte Geschichte der Welt-Text-Konzeption gilt, daß sich der Wirklichkeitsbegriff jeweils mit dem vorausgesetzten Text-Begriff wandelt. Maßgeblichen Einfluß auf die »Lektüre« der Dinge hat demnach die Vorentscheidung darüber, ob hinter Geschriebenem ein göttlicher Sinn verborgen liege oder nicht, ob Texte ein- oder mehrdeutig seien, ob sie sich überhaupt adäquat entziffern lassen, wie frei der Leser bei hypothetischen Sinnzuschreibungen verfahren möge, ob er sie gar fortsetzen, demontieren oder umschreiben dürfe.

Ein anderer, letztlich noch weiter zurückverfolgbarer Topos mag vielleicht ebensogut für eine frühe Interpretation der Wirklichkeit selbst unter dem Aspekt ihrer »Literarizität« sprechen: Der Topos von der Welt als einem Theater, vom Leben als einem Drama oder Rollenspiel. Wenn hier der Akzent, anders als beim »Naturbuch«, auch keineswegs auf der Analogie zwischen Erfahrung und »Lektüre«, also auf der angenommenen »Schriftlichkeit« der Welt liegt, so erfolgt doch eine klare Analogisierung zwischen erfahrener Wirklichkeit und poetischer Konstruktion. Und wiederum besitzt letztere Modellcharakter. Sie läßt das Wirkliche »als etwas« sehen und verleiht ihm damit seinen spezifischen Charakter sowie – zumindest aus traditioneller Sicht – seinen »Sinn«. Im Bildhorizont der Theatermetapher erscheint Wirklichkeit als ein Schauspiel. Wer sich daran gewöhnt, das Leben der Menschen als dramatische Aktion zu betrachten, der entdeckt Analogien in vielen Details: handele es sich nun um die »Kulissenhaftigkeit« der Umwelt, um die Neigung der Akteure zur »Selbstinszenierung« und zum »großen Auftritt«, um deren »Kostümierungen« und »Maskierungen«, um die soziale Interaktion als »Rollenspiel«, um die Gliederung historischer Prozesse in einzelne »Akte«, um die plötzliche Wendung als »Theatercoup«, kurz: um Wirklichkeit als Szenario mit vielerlei Spielern und Requisiten. Zumal dem erkenntnistheoretischen Skeptizismus und der Moralkritik ist der Metaphernkreis um Schein und Maske lieb und teuer. Den weiteren Hintergrund *moderner* Rekurse auf das Theater-Modell bildet zum einen der von Nietzsche inaugurierte Gedanke einer ästhetischen Rechtfertigung der Welt, die auf anderem Weg nicht mehr zu rechtfertigen sein mag, zum anderen der ebenfalls mit Nietzsches Namen verknüpfte, dabei freilich schon der Romantik geläufige Gedanke, es gebe keine Identitäten, nur Rollen und Masken, und jegliche »Realität« sei »Inszenierung«. (Bonaventuras »Nachtwachen« deklarieren die sogenannte Realität in diesem Sinn zu einem theatralischen Scheingebilde, zur Kulisse ohne »Dahinter«.) Auf der Basis des alten Gleichnisses hat später etwa auch Pirandello sein Theater als »Welttheater« konzipiert und die Künstlichkeit (genauer: die Literaturhaftigkeit) des sozialen Lebens zu entlarven gesucht. Dabei ist aber zugleich impliziert, daß das »wirkliche« Theater vorahmt, wie es auf dem Theater des wirklichen Lebens zugehen kann und zugeht.[13]

13 Wo literarische Texte an die Metapher vom Welttheater anknüpfen, ist der Blick auf den Akteur mithin meist kritisch. Dies umso mehr, als auch die Faszination der Menschen durch das Theater immer wieder Anlaß zu der Feststellung gibt, daß sie ihr Leben nach geborgten dramatischen Mustern arrangieren. Auch die dramatische Literatur verführt zur Identifikation mit imaginären Gestalten, zur unbewußten Imitation ihrer Spielhandlun-

Noch ein weiterer Blick zurück ist vielleicht angebracht, wenn es um das Spiegelungsverhältnis von literarischer und »wirklicher« Welt geht: In der Mythologie verschiedener Kulturkreise taucht die Idee göttlicher Bücher auf, in denen die Bestimmungen der Menschen vorab festgelegt sind, der »Text« der »Geschichte« demnach vorausgeht. Das Leben dieser Menschen wäre die Realisierung einer Vor-Schrift. Zwischen dieser deterministischen Konzeption, die in diametralem Gegensatz zum Gedanken einer freien Wahl des eigenen Lebenweges steht, und der im literarischen Medium oft kritisch reflektierten Orientierung der handelnden und empfindenden Menschen an schriftlich fixierten Vorgaben

gen. Gerade aus der Begegnung mit dem Theater ergibt vom Mittelalter bis heute immer wieder die Frage, ob es überhaupt eine kategoriale Differenz zwischen Leben und Drama gebe. Ist nicht alles Leben ein Rollenspiel? Tut nicht der, der sich mit einem dramatischen Helden identifiziert, letztlich das gleiche wie jeder, der als handelnder und mit anderen Personen interagierender Charakter eben auch nur Theater spielt – also sich selbst »inszeniert«? Spielt nicht ein jeder immer nur Rollen, unterliegt nicht ein jeder handelnd der Fremdbestimmung durch eine meist unbewußtes und undurchschautes, dabei aber irreversibel verinnerlichtes Szenario? Insofern die Gleichung von Erfahrungswelt und dramatischer Scheinwelt in der Neuzeit (also im Zuge des allmählichen Verschwindens einer göttlichen Autorinstanz) mit der kritisch-skeptischen Reflexion über Identität und Freiheit des Menschen eng verknüpft ist, könnte es zunächst scheinen, als sei solche Analogsetzung von Leben und literarischem Konstrukt grundsätzlich negativ konnotiert. Dies trifft aber nicht zu: Auch mit Hilfe der Metapher vom Lebens-»Drama« läßt sich der Anspruch auf »Autorschaft« an solchem Text erheben. Um die gestaltende Kraft der Imagination gegenüber dem Lebens-»Stoff« geht es Novalis mit dem berühmten Diktum: »Wer recht poetisch ist, dem ist die ganze Welt ein fortlaufendes Drama.« (›Schriften‹. Hrsg. v. Paul Kluckhohn und Richard Samuel. Bd. III. 2. Aufl. Stuttgart: Kohlhammer 1968, besteht eine auffällige Parallele. Vorschrift-Charakter im Hinblick auf die Lebensführung des Einzelnen haben im übrigen vor allem die Heiligen Bücher der großen Religionen; ergänzend berichten Heiligenviten und Legenden davon, wie die Wirklichkeit des Lebens gottgefällig zu gestalten wäre. Im weiteren Sinn wollen auch zahlreiche andere Texte mit moralisch-didaktischem Inhalt als Vor-Schriften, als modellbildend, verstanden werden; die Viten großer historischer Persönlichkeiten wie die imaginärer Tugendhelden sind implizite Appelle zur Imitatio. Was für das einzelne Leben denkbar erscheint: die Kopie eines Textes zu sein, ist auch für die Geschichte insgesamt denkbar – und wurde gedacht: Die Idee eines Welt-Buches, in dem alle geschichtlichen Ereignisse bereits vor Erschaffung der Welt geschrieben stehen, wird in Leibniz' »Theodizee« entfaltet.[14] Insgesamt ist die Frage nach

S. 677) Im übrigen ist daran zu erinnern, daß das Drama wegen seiner unterstellten Analogie zum Spiel des Lebens seit jeher als privilegierter Spiegel der Wirklichkeit, also als literarisches Vehikel der Erkenntnis, gilt. Hamlets Inszenierung, mit der er die Mörder seines Vaters entlarvt, ist wegen ihrer Analogie zur »historischen« Wirklichkeit wahr; Literatur vermag Wahrheit also zu offenbaren, weil eine innere Affinität von Geschichte und Drama besteht. Bedingung solcher »Wahrhaftigkeit« literarischer Konstrukte ist es nun, daß sie ihren eigenen Konstruktcharakter einbekennen. (Der Begriff »Fiktion« ist stark vorbelastet, darum mag der des »Konstrukts« hier brauchbarer sein.) Dramen sind literarische Artefakte; im Verweis auf die Artifizialität der Erfahrungs-Kontexte selbst liegt ihre Wahrheit. Dies nun gilt auch von allen epischen Texten, welche den (im positiven wie im negativen Sinn) »künstlichen« Charakter individueller und kollektiver Geschichten thematisieren. Ihrer eigenen konstitutiven Rolle bei der Genese solcher Texturen sollten sie dabei eingedenk sein.

14 Hier multipliziert sich das Universalbuch allerdings ins Unendliche: zu einer Bibliothek alternativer »Welten« welche dem unerschöpflichen Reich der Möglichkeiten korrespondiert. Jorge Luis

der vorahmenden Dimension des Literarischen also in komplexem historischem und poetologischem Kontext zu sehen; dies berücksichtigend, seien im folgenden fünf Thesen formuliert.

Erste These
Die Frage nach der Bedeutung der Literatur für die Modalitäten von Erfahrung ist in der Gegenwart von besonderer Aktualität

Wo immer die transzendentale Fragestellung nach den Möglichkeitsbedingungen von Erfahrung und ihren Gegenständen berührt wird, da ist – wie oben angedeutet – die Einsicht maßgeblich, daß »Wirklichkeit« als Produkt ihrer Auslegung zu gelten hat und das Ich allenfalls das »erkennen« kann, was es zuvor selbst produziert hat. Die Welt wird zum »Bild«, zu einem konstruktiven Entwurf, von dem nichts mehr über ein absolutes So-Sein der Dinge, wohl aber vieles über den Bild-Produzenten abzulesen ist. Martin Heidegger hat auf den Zusammenhang zwischen neuzeitlichem Denken und dem Operieren mit »Welt-Bildern« ausdrücklich hingewiesen:

> »Das Weltbild wird nicht von einem vormals mittelalterlichen zu einem neuzeitlichen, sondern dies, daß überhaupt die Welt zum Bild wird, zeichnet das Wesen der Neuzeit aus.«[15]

Borges variiert die Leibnizsche Idee (in der Erzählung ›La Biblioteca de Babel‹); in seiner Universalbibliothek steht alles Mögliche immer schon geschrieben, auch die Lebensgeschichten aller Menschen. Diesen bleibt kein Spielraum zur Emanzipation von der erdrückenden Übermacht solcher Vorschrift.

15 Martin Heidegger: ›Holzwege‹. Frankfurt a. M.: Klostermann 1950, S. 83.

Die neuzeitliche Interpretation von »Welt« erfolgt für Heidegger unter Orientierung am Konzept des »Bildes« (also an einem ästhetischen Konzept). »Weltbild [...] meint [...] nicht ein Bild von der Welt, sondern die Welt als Bild begriffen.«[16] Die Welt als »Bild«: Von hier aus ist es nur ein, wenngleich ein deutlicher Schritt zur bedenkenswerten These Odo Marquardts, die moderne Wirklichkeit insgesamt sei ein »Ensemble des Fiktiven«, sei in einem Maße »durchfiktionalisiert«, daß »der Unterschied des Wirklichen und Fiktiven« sich aufgelöst habe.[17] Nicht abwegig erscheint die Beschreibung der modernen Welt als einer »Legierung von Realität und Fiktion«;[18] überzeugend auch der Hinweis auf die zunehmende Undurchschaubarkeit der modernen zivilisatorischen Realität für den Einzelnen und der dem korrespondierenden Macht des »Orientierungsdatenproduktionsgewerbe[s] mit seiner Superabteilung für die Fiktionskonfektion«.[19] Das einzelne Ich erscheint gegenüber den vorgefertigten Bildern und Deutungen entmündigt: »man macht seine Erfahrungen

16 Heidegger: Holzwege, S. 82. Vgl dazu Jacob Taubes: ›Die Welt als Fiktion und Vorstellung‹ (in: ›Poetik und Hermeneutik X‹, S. 419): »Erst wenn die Welt als Bild erscheint, kann sie als ›Vorstellung‹ des Menschen begriffen werden. Wobei Schopenhauers Version von der Welt als Vorstellung noch zu kurz greift und eher an Vorstellung im szenischen Sinn zu denken wäre.« Also an ein literarisch-poetisches Organisationsmodell!

17 Odo Marquardt: ›Kunst als Antifiktion – Versuch über den Weg der Wirklichkeit ins Fiktive‹. In: ›Poetik und Hermeneutik X‹, S. 35. – Als Stationen auf dem »Weg der Wirklichkeit ins Fiktive« macht Marquardt den Philosophischen Fiktionalismus – das Denken Kants und Vaihingers – sowie die eschatologische Weltvernichtung – die christlich-theologisch motivierte Abkehrung von der Welt – aus.

18 Marquardt: ›Kunst als Antifiktion‹, S. 48.

19 Marquardt: ›Kunst als Antifiktion‹, S. 48.

nicht mehr selber, man bekommt sie gemacht.«[20] Die These von der literarischen Präformation der Erfahrung und ihrer Inhalte wird hier deutlich negativ akzentuiert, als radikale kulturkritische Entlarvung von artifiziellen Konstrukten, welche nichts als Surrogate authentischer Erfahrung sind. Aber gibt es so etwas wie authentische Erfahrung? Gibt es eine Wirklichkeit jenseits der Bilder? Kann man »eigene« Erfahrungen machen? Die kritische Grundhaltung, mit der Marquardt die »Fiktionalisierung« der Lebenswelt betrachtet, bereitet jedenfalls die These vor, um die es ihm eigentlich geht: die von der »Kunst als Antifiktion«. Diese Eigenschaft wird der Kunst (und der Literatur) in zweierlei Hinsicht zugeschrieben. Erstens, insofern Kunst und Literatur angesichts einer durchfiktionalisierten Wirklichkeit eine »Zuflucht der Theoria« sein können, der »wirklichen« Erfahrung; insofern sie das »bisher Nichtgesehene« sehen lassen, das Verdrängte – etwa den Tod – zur Anschauung und zur Sprache bringen. Zweitens – und dies betrifft ihren Status als Medien transzendentaler Reflexion – insofern sie an und durch sich selbst zeigen, wie jene Fiktionen zustandekommen, die als das Wirkliche fungieren, indem sie also zur Besinnung auf Genese und Folgen des konstruktiven und beliebigen Entwurfs von »Welt« provozieren. »[...] die Kunst ist wirklich Fiktion, aber auch die Wirklichkeit ist [...] Fiktion: die Fiktur, die die – moderne – Realität ist.«[21] Schon Fontane hatte – unter späterer Zustimmung Freuds – die Notwendigkeit des Entwurfs fiktiver »Realitäten« betont: »Es geht nicht ohne Hilfskonstruktionen.«[22] Die Hypothese, gerade in der

20 Marquardt: ›Kunst als Antifiktion‹, S. 48.

21 Marquardt: ›Kunst als Antifiktion‹, S. 51.

22 So auch das Motto zu Marquardt: ›Kunst als Antifiktion‹. Vgl. Freud: Das Unbehagen in der Kultur. Gesammelte Werke. Bd. 14, S. 432.

Literatur könnten solche »Hilfskonstruktionen« bewußt und demonstrativ entworfen werden, um an solchem Beispiel die individuelle oder kollektive Produktion von »Wirklichkeiten« zu demonstrieren, hängt mit der These von der »vorahmenden« Funktion literarischer Modelle eng zusammen. Denn wenn im literarischen Medium die Genese eines Welt-Bildes perfekt simuliert wird, so besitzt dieses vielleicht eine Überzeugungskraft, welche sich ab jetzt auf die Weltdeutung der Leser prägend auswirkt. Man erinnere sich: Die Philosophie Tlöns setzte sich durch, weil sie die Welt gemäß menschlichem Vorstellungsvermögen auslegte; Tlön wurde »wirklich«, weil es einen besonders konsistenten Welt-Entwurf darstellte. Wenn der Leser jedoch die Genese literarischer Welt-»Bilder« als solcher nachvollziehen kann (was der Chronist ja bezweckt), so wird er sie wenigstens nicht für absolut notwendig halten, sondern für das, was sie sind: für kontingente Konstruktionen, realisiert mit kontingenten menschlichen Mitteln. Und zu jeweils spezifischen, wiederum kontingenten Zwecken.

Die Erfahrung von Wirklichem unter Orientierung an literarischen Modellen – wenn man so will: die Betrachtung der Welt sub specie litterarum – besitzt wohl vor allem diese eine Hauptfunktion: es geht um die Reduktion von Komplexität.[23] Um sich in der Wirklichkeit zu orientieren, ist das wahrnehmende Ich (und die Rede ist hier nicht etwa bloß von habituellen Bibliotheksbenutzern) darauf angewiesen, Ordnung in eine oftmals als chaotisch sich präsentierende Fülle von Erfahrungsmomenten hinein zu »lesen«. Ausgehend von dieser keineswegs beliebigen Metapher der Lektüre von Wirklichem ließe sich die Orientierung am literarischen

23 Dies trifft, bei verschiedener Akzentuierung, auf Modelle schlechthin zu.

»Urbild« auch so beschreiben: Eben durch Lektüre wird die Welt zu etwas Lesbarem, zu einem strukturieren Kon-Text – wie ja Ecos Abtei-Krimi demonstrierte. Daß dramatische und epische Literatur zu Gleichnissen der Erfahrungswirklichkeit werden konnten, ist kein Zufall: Beide Gattungen stehen (zumindest traditionellerweise) im Zeichen eines so fundamentalen wie scheinbar selbstverständlichen Ordnungsmusters – des Prinzips der Sukzession. Erzähler demonstrieren, ja sie ahmen vor, wie sich die Dinge auf die Reihe bringen lassen. Kant hat darauf bestanden, die Zeit als eine Anschauungsform zu betrachten, die das Subjekt an die Gegenstände heranträgt, um ihnen eine Ordnung zu geben; Sukzession kann damit als das allgemeinste und fundamentalste Ordnungsmuster gelten. Daß das Vermögen, die Erfahrungsdaten selbst als eine »Reihe«, als sukzessiv geordneten Komplex, zu interpretieren, keineswegs selbstverständlich ist, hat Robert Musil betont. Wohl dem (so befindet dieser nicht ohne Ironie gegenüber der Naivität einschlägiger Interpretationen), der sagen könne: »als, ehe, nachdem« –

> »Es mag ihm Schlechtes widerfahren sein, oder er mag sich in Schmerzen gewunden haben: sobald er imstande ist, die Ereignisse in der Reihenfolge ihres zeitlichen Ablaufes wiederzugeben, wird ihm so wohl, als schiene ihm die Sonne auf den Magen.«[24]

Es ist angesichts des bis zum Chaotischen komplexen Lebens in der modernen Umwelt eine wichtige Entdeckung Ulrichs, daß »das Gesetz dieses Lebens, nach dem man sich, überlastet und von Einfalt träumend, sehnt, kein anderes sei als das der erzählerischen Ordnung!«[25] Was Ulrich aber auch er-

24 Robert Musil: ›Werke‹. Hrsg. von Adolf Frisé. Reinbek: Rowohlt 1978. Bd. 1, S. 650.

25 »Jener einfachen Ordnung, die darin besteht, daß man sagen kann: ›Als das geschehen war, hat sich jenes ereignet!‹ Es ist die

kennt: Die erzählerische Ordnung der einfachen Sukzession ist in mehr als einem Sinne »künstlich«, ist eine Konstruktion auf der Basis meist unausgesprochener Prämissen. Wer sich (oder anderen) die Dinge und Sachverhalte »erzählen« kann, hat sie vermeintlich oder tatsächlich im Griff; kein Chaos beunruhigt ihn mehr, weil er Geschichte als Roman, Schicksale als Novellen, Unfälle als short stories »liest«. Die Sehnsucht nach der einfachen erzählerischen Ordnung ist es, welche »sich der Roman künstlich zunutze gemacht hat.«

> »[...] Die meisten Menschen sind im Grundverhältnis zu sich selbst Erzähler [...]: sie lieben das ordentliche Nacheinander von Tatsachen, weil es einer Notwendigkeit gleichsieht, und fühlen sich durch den Eindruck, daß ihr Leben einen ›Lauf‹ habe, irgendwie im Chaos geborgen.«[26]

Woher aber kennt man solche »Läufe«? Natürlich aus Romanen. Wie wird man zum Erzähler seiner selbst? Natürlich durch Lektüren. Musils Überlegungen erhellen im übrigen drei weitere wichtige Aspekte jener »erzählerischen Ordnung«. Diese gehört erstens als eine »›perspektivische Verkürzung des Verstandes‹ [...] schon zum Leben selbst«: Leben wird wie selbstverständlich als geordnete Folge gedacht; das literarische Muster der Sukzession, im Roman mehr oder weniger kunstvoll genutzt, findet jenseits des explizit-poetischen Erzählens eine pseudo-natürliche Anwendung. Zweitens legen sich die Menschen eben ob jener scheinbaren Selbstverständlichkeit nicht gern Rechenschaft über die

einfache Reihenfolge, die Abbildung der überwältigenden Mannigfaltigkeit des Lebens in einer eindimensionalen, wie ein Mathematiker sagen würde, was uns beruhigt; die Aufreihung alles dessen, was in Raum und Zeit geschehen ist, auf einen Faden, eben jenen berühmten ›Faden der Erzählung‹, aus dem nun also auch der Lebensfaden besteht.« (Musil: Werke. Bd. 1. S. 650)

26 Musil: Werke. Bd. 1. S. 650.

»Künstlichkeit« der simplen Erzählmuster ab. Drittens besteht eine enge Verknüpfung zwischen chronologischer und kausaler bzw. teleologischer Ordnung; in den »Faden des Lebens« wird mit der Sukzession »auch ein wenig ›weil‹ und ›damit‹ hineingeknüpft«. Demnach wäre die »erzählerische Ordnung« letztlich die Möglichkeitsbedingung dafür, daß sich der Mensch überhaupt als bedingt durch seine Lebensumstände sowie als zweckmäßig handelndes Wesen begreifen kann, sprich: daß er sich selbst als Glied in Kausalketten erfährt. Sinnvolles Handeln ist erzählbares Handeln, sinnvolle Historie erzählbare Historie. Wer sich auf Literatur einläßt und über die intrikate Frage nach ihrer Relevanz für den Erfahrungsprozeß spekuliert, mag dies bedenken: Nicht der jeweilige spezifische Inhalt literarischer Texte macht diese zu möglichen Modellen eines erzählbaren »Lebens«, sondern die Regeln, nach denen sie die Dinge auf die Reihe bringt, zu Texturen arrangiert. Nicht von der stofflich-thematischen, sondern von der strukturellen Dimension literarischer Texte dürfte es in erster Linie abhängen, ob und wie sie verwandelnd in die Wirklichkeit eingreifen, die zunächst bloß ihr »Gegenstand« zu sein scheint. Kontingentes jedenfalls erhält als Gegenstand der Erzählung oftmals den Anschein von Notwendigem, und blanke Fakten werden bedeutsam.

Peter Bichsel zitiert in seiner Frankfurter Poetik-Vorlesung ein Diktum Oscar Wildes: »›Es kommt weit öfter vor, daß das Leben die Kunst nachahmt als die Kunst das Leben.‹«[27] Und er läßt, mindestens ebenso drastisch wie Musil, keinen Zweifel darüber, welchen Zweck derlei »Nachahmung« hat: »Unser Leben wird dann sinnvoll, wenn wir es uns erzählen

27 Peter Bichsel: ›Der Leser. Das Erzählen. Frankfurter Poetik-Vorlesungen‹. Darmstadt / Neuwied: Luchterhand 1982, S. 48.

können.«[28] »Die Literatur ist die kategorische Sinnvollerklärung.«[29] Was nichts anderes besagt, als daß ein (noch) nicht-erzähltes Leben keinen Sinn hat. Und keinen Zusammenhang:

> »Eine Geschichte [...] ist nie so schlimm wie die Realität. Eine Geschichte trägt die Besänftigung der Welt in sich. Sie ist – und das ist oft ärgerlich – tröstlich. Was eine Form findet, verliert die chaotische Gefährdung. ›Was machst du wieder für Geschichten‹ hieß auch: ›Wir werden schon eine Form finden, in die das reinpaßt.‹[30] Jedes Leben ergibt eine Geschichte, wenn man es erzählen kann [...]. Es hat einen Sinn, daß weitergeschrieben wird, denn durch das Weiterschreiben werden weitere Leben erzählbar.«[31]

Die gesuchte »Form« wird literarischen Vorbildern entlehnt und auf zunächst zusammenhanglose Erfahrungen projiziert: auf das eigene Leben oder auf andere Daten möglicher »Geschichten«. (Bichsel vermutet gar, »daß der Begriff ›Geschichte‹ aus der Literatur entliehen ist«[32] – eben in Erinnerung ans »Geschichten«-Erzählen.) In den Vorschlägen, welche sie zur Organisation von individuellen und kollektiven »Geschichten« unterbreitet, läge demnach die eigentliche Rechtfertigung der Literatur:

> »Die Literatur hat die Aufgabe und den Sinn, die Tradition des Erzählens fortzusetzen, weil wir unser Leben nur erzählend bestehen können. Die Frage, ob das Natur sei oder ob wir uns das nur in Hunderten von Jahren angewöhnt haben, ist irrelevant.«[33]

28 Bichsel: ›Der Leser. Das Erzählen‹, S. 78.
29 Bichsel: ›Der Leser. Das Erzählen‹, S. 84.
30 Bichsel: ›Der Leser. Das Erzählen‹, S. 11.
31 Bichsel: ›Der Leser. Das Erzählen‹, S. 84.
32 Bichsel: ›Der Leser. Das Erzählen‹, S. 11.
33 Bichsel: ›Der Leser. Das Erzählen‹, S. 83. – Vgl. S. 84: »Weil ich erzählen kann, bin ich, und weil ichs erzählen kann, stehe ichs durch. Das Leben retten werden uns die Geschichten allerdings

Es ist nun keineswegs so, als betreffe die Orientierung an literarischen, an »Geschichten«-Mustern nur den produktiven Autor oder auch nur diesen und seine Leserschaft. Auch Nicht-Leser sind betroffen, da sie von jenen Mustern immerhin mittelbar Kenntnis erhalten und beeinflußt werden. Auch sie brauchen die Literatur, »um ihr Leben zu leben«. »Nicht nur die Leser sind darauf angewiesen, daß es eine Tradition des Erzählens gibt, genannt Literatur, sondern auch die Nichtleser.«[34] Zweierlei nun gilt es wiederum zu bedenken: Erstens ist die lineare erzählerische Ordnung nicht selbstverständlich; sie könnte durch komplexere literarische Ordnungsmuster abgelöst werden. Zweitens ist – wie zumal Bichsel betont – die Literatur als Vorahmerin von Lebens-»Geschichten« verführerisch: Sie suggeriert nur allzu leicht, die Lebenswirklichkeit der Menschen sei an sich wie eine literarische Erzählung eingerichtet, und bringt das produktiv-künstliche (um nicht zu sagen: das willkürliche) Moment solcher Organisation leicht in Vergessenheit. Man könnte sich sein Leben so, aber auch anders erzählen, könnte vor allem das einfache Nacheinander durch andere Strukturprinzipien ersetzen. Daß dies denkbar, vielleicht gar notwendig ist, wird wiederum in literarischen Texten reflektiert. Musils Mann ohne Eigenschaften, Ulrich, entdeckt etwa, »[...] daß ihm dieses primitiv Epische abhanden gekommen [ist], woran das private Leben noch festhält, obgleich öffentlich alles schon unerzählerisch geworden ist und nicht einem ›Faden‹ mehr folgt, sondern sich in einer unendlich verwobenen Fläche ausbreitet.«[35]

nicht. Sie machen es nur erträglich. [...] Wer sich auf das Erzählen einläßt, der tut es nicht, um sein Leben zu retten, er tut es, um sein Leben zu leben.«

34 Bichsel: ›Der Leser. Das Erzählen‹, S. 84.

35 Musil: ›Werke‹. Bd. 1, S. 650.

Daß die Wirklichkeit keineswegs linear gelesen werden muß, da sie der definitiven Ordnung sich entzieht, weiß wohl derjenige Erzähler am besten, der sogar in seinen Werken von der eindimensionalen Zeitordnung abrückt und sich wie Musil vornimmt, das Erzählen vom »Kinderfrauenberuf« zu emanzipieren. Solches Experiment ist nicht selbstzweckhaft, sondern vollzieht sich im Namen einer Wirklichkeit, der die Schlichtheit naiv-linearer Erzählung nicht gerecht würde, weil das Erlebte ob seiner Komplexität in eine einfache Form nicht hineinpaßt. Ein nicht-lineares Organisationsmuster (aber wie könnte dieses aussehen?) würde der Komplexität der modernen Erfahrungswelt vielleicht eher gerecht. Ganz ohne Muster, Modelle, »Hilfskonstruktionen« geht es aber nicht. Gerade Musils Reflexionen zur Verfaßtheit der Erfahrungswelt und zum Umgang des Subjekts mit deren Daten bieten eine Stütze für die These von der besonderen Aktualität der Ausgangsfrage, der besonderen Bedeutung literarischer »Vorahmungen« in der Moderne. Die entscheidenden Stichworte heißen: Kontingenz und Möglichkeitssinn.

Insofern der Einzelne sich sein eigenes und viele andere Leben auf verschiedenste Weise erzählen, seine Erfahrungen zu verschiedensten »Geschichten« arrangieren könnte, lebt er in einem offenen Raum alternativer Möglichkeiten. An die Stelle der *einen* Wirklichkeit treten konkurrierende Wirklichkeitsentwürfe. Oder anders gesagt: Was für ein Ich »wirklich« ist, kann nicht mehr als notwendig gelten; es ist umgeben von einem Diffusionsraum des Möglichen, das genausogut »wirklich« sein könnte, es auch vielleicht noch wird. Was »möglich« und was »schon wirklich« ist, kann manchmal gar nicht unterschieden werden. Mit dem »Möglichen« nun tritt eine Kategorie in den Mittelpunkt, die seit Aristoteles als poetologische Zentralkategorie gelten kann.

Durch den Verweis der Dichtung an das, was sein könnte, begann in der Geschichte der Dichtungstheorie ihre folgenreiche Emanzipation vom Faktischen – oder vielmehr von dem, was »Faktum« zu sein schien. Aufklärungspoetiker wie Bodmer und Breitinger sahen den Dichter gar in der Rolle eines Schöpfers möglicher Welten, anknüpfend an Leibniz, für den die wirkliche Welt zunächst auch nur eine, wenngleich eine privilegierte, unter allen möglichen Welten war, bevor sie von Gott realisiert wurde. Dieses Konzept einer klaren Differenzierung zwischen Wirklichem und Möglichem erscheint inzwischen überholt. Man betrachtet die Wirklichkeit – mit einem Wort Kierkegaards – als »ungeheuren Reservefond der Möglichkeit«.[36] Niemand wohl hat diese Tendenz prägnanter charakterisiert als Musil.

> »Wenn es [...] einen Wirklichkeitssinn gibt, und niemand wird bezweifeln, daß er seine Daseinsberechtigung hat, dann muß es auch etwas geben, das man Möglichkeitssinn nennen kann. / Wer ihn besitzt, sagt beispielsweise nicht: Hier ist dies oder das geschehen, wird geschehen, muß geschehen; sondern er erfindet: Hier könnte, sollte oder müßte geschehn; und wenn man ihm von irgend etwas erklärt, daß es so sei, wie es sei, dann denkt er: Nun, es könnte wahrscheinlich auch anders sein. So ließe sich der Möglichkeitssinn geradezu als die Fähigkeit definieren, alles, was ebensogut sein könnte, zu denken und das, was ist, nicht wichtiger zu nehmen als das, was nicht ist. [...] Das Mögliche umfaßt [...] nicht nur die Träume nervenschwacher Personen, sondern auch die noch nicht erwachten Absichten Gottes.«[37]

Musils bekannte Überlegungen zum Möglichkeitssinn charakterisieren mehr als nur die Eigenart Einzelner, sie umreißen die Einstellung des modernen Denkens schlechthin zur »Wirklichkeit«, die als eine Möglichkeit unter anderen

36 Kierkegaard: Über den Begriff der Ironie mit ständiger Rücksicht auf Sokrates. Düsseldorf 1955, S. 258.

37 Musil: ›Werke‹. Bd. 1, S. 16

betrachtet wird, als kontingentes Gebilde, das sich ebensowohl in anderer Gestalt präsentieren oder seine Gestalt noch wandeln könnte. Da die Lebenserfahrungen immer erst noch erzählbar gemacht werden müssen, um greifbar und begreifbar zu werden, mag es verschiedene Arten und Weisen geben, sie erzählbar zu machen; der »Stoff« eines Lebens enthält verschiedene Lebenskonzepte virtualiter in sich. Als Möglichkeitssinn muß nicht zuletzt das Sensorium für die Vielfalt möglicher Erzählmuster bezeichnet werden, welche sich dem Chaos des Erfahrenen und Erlebten unterlegen ließen, bis es erzählbar würde. Der zeitgenössische Möglichkeitssinn entwickelt sich also nicht zuletzt proportional zum Bewußtsein des Ichs, sich die eigene Welt künstlich zurechtzumachen, wobei wiederum ein ganzes Stück zurückzuschauen wäre: Seit Kant war die Erfahrungswirklichkeit als Funktion von Operationen des transzendentalen Subjekts begriffen worden. Wo freilich Kant die Gesetzmäßigkeit solcher Operationen betonte, insistieren die Späteren, allen voran Nietzsche, auf deren Beliebigkeit. Was als wirklich gilt, beruht ihnen zufolge auf Konventionen, ja es wird – aus Motiven, die mit dem Streben nach wahrer Erkenntnis nichts zu tun haben – fingiert.

Poetische Texte können in dieser Situation eine doppelte Funktion übernehmen: Erstens halten sie das Kontingenzbewußtsein wach, indem sie jenen Entwurf von »Welt«, auf den man sich vorübergehend als auf den »wirklichkeitsgetreuen« geeinigt hat, mit vielfältigen und komplexen Alternativen konfrontieren. Zweitens – und dies betrifft ihr »vorahmendes« Potential – können sie Vorschläge zur Organisation und Reorganisation von Wirklichkeit unterbreiten; Literatur ist – zumal für Musil selbst – eine beredte Advokatin des Möglichkeitssinnes. Gerade in ihr drückt sich ein Denken aus, das »die Wirklichkeit nicht scheut, wohl aber als Aufgabe oder Erfindung behandelt«.[38] Die Einstellung gegenüber einer solcherart vor einem umfassenden Hintergrund des Möglichen betrachteten Wirklichkeit mag durchaus zwiespältig sein: Einerseits zeichnet sich der literarisch artikulierte Möglichkeitssinn oft durch einen impliziten »Bauwillen und bewußten Utopismus« aus. Andererseits fällt es schwer, Welt-Entwürfe ernstzunehmen, die unter dem Signum der Beliebigkeit stehen. Insofern literarische Texte auf die Modalitäten der Erfahrung und Auslegung von Wirklichem Einfluß nehmen, vermitteln sie entsprechend einerseits das Bewußtsein einer gewissen Souveränität des erfahrenden und auslegenden Subjekts. Wer Wirklichkeit zu entwerfen in der Lage ist, steht (scheinbar) über den Dingen. Doch andererseits ist den Texten selbst oft explizit das Bewußtsein eingeschrieben, daß jeder Vorschlag zur »Lektüre« des Erfahrungs-»Textes« nur ein möglicher – sprich: beliebiger – unter anderen ist. Die erzählbare Wirklichkeit mag das Spiegelbild eines literarischen Modells sein, aber eben dieses hat (anders als die Platonischen Ideen) etwas zutiefst Beliebiges. Die Weltentwürfe des modernen Ichs ähneln Häusern aus Bauklötzchen oder Spielkarten.

Letztlich weckt und nährt die literarische Demonstration der Kontingenz aller »Wirklichkeiten« das Bewußtsein von der Schwierigkeit, überhaupt noch mit der Begriffsdichotomie von »Wirklichem« und »Fiktivem« zu operieren. Das moderne Ich lebt in multiplen Bilder- und Kunstwelten, doch nicht dies ist das eigentlich Beklemmende, sondern das Wissen darum, in die Fiktionsfabrik förmlich eingeschlossen zu sein. Wie sollte man diese auch verlassen können, wenn die »Welt« schlechthin als ein »Bild« zu gelten hat, das von individuellen oder kollektiven, in jedem Fall aber mensch-

38 Musil: ›Werke‹. Bd. 1, S. 16.

lichen Subjekten produziert wurde? Konsequent gedacht, darf keine »Wirklichkeit« mehr als »echt« gegen die »Fiktionen« der Literatur und der Medien ausgespielt werden. Die modische Klage über die Falschheit der Bilderwelten von Film und Fernsehen erfolgt im Namen eines unterstellten »Authentischen«, an dessen Realität immerhin gezweifelt werden darf. Plausibler erscheint die Feststellung, daß sich zwischen simulierter und »wirklicher« Wirklichkeit deswegen nicht mehr unterscheiden läßt, weil auch letztere im Grunde nichts anderes als ein Simulacrum ist. In welchem Maße literarische Texte Anteil an der Entstehung solcher Simulacra haben, hängt zweifellos von den Lesegewohnheiten einer Gesellschaft und ihrer einzelnen Mitglieder ab. Es mag sein, daß zumindest quantitativ der Einfluß des Films auf die Wahrnehmungsgewohnheiten – sprich: auf die Konstitution von Welt-»Bildern« – größer als der des schriftlichen Mediums ist. Über die qualitative Bedeutung literarischer Vorahmungen ist damit noch nichts gesagt. Es ist denkbar, daß ihre Langzeitwirkung an die anderer Medien zumindest heranreicht, auch wenn diese sich aufdringlicher präsentieren.

In jedem Fall legt es die Ausgangsfrage nahe, Literatur im umfassenden Kontext der Frage nach modernen Welt-Bildern zu betrachten. Welt dissoziiert – auf ambivalente, je nach Aspekt aufregende oder beklemmende Weise – zu »Welten«, und diese stehen noch dazu im Zeichen der Ästhetisierung. Moralische Kategorien greifen hier nicht recht; sie nehmen sich, wo sie gleichwohl unausgesprochen im Hintergrund stehen (wie bei der Entrüstung über die »Verfälschung« des »Realen« durch die Medien) wie Relikte aus einem überholten Welt-Interpretationsmodell, wie Zutaten zu einer alten »Geschichte« aus. Schon Nietzsche hatten den Sprachschöpfer, der zugleich mit der Bildung und Etablierung von Namen und Begriffen auch maßgebliche Vorentscheidungen über das (vorgebliche) »Wesen« der Dinge trifft, als Künstler gesehen. Die »Künste« – oder zeitgemäß-nüchterner gesprochen: die »Medien« – behalten dieses wirklichkeitsstiftende Potential, vertiefen es mit der sukzessiven Erweiterung ihrer Darstellungsmittel sogar noch. Eine wichtige Konsequenz aus der Pluralisierung von »Welt« zu »Welten« ist übrigens die Verwischung der Differenz zwischen Wissenschaften und Künsten. Schon Kant hat die Mathematik als »reine Dichtung« bezeichnet; für Paul Feyerabend ist die Wissenschaft eine Kunst. Auch der Naturforscher erschafft sich erkennend »künstliche« Welten. Die Konsequenz kann nur lauten, daß es zwischen künstlerisch-literarischen und zeitgemäßen wissenschaftlichen Welt-Bildern keinen qualitativen Sprung gibt; was sie verbindet, ist ihre zumindest latent bewußte Artifizialität und ihre Orientierung an ästhetischen Spielregeln. Aber wo »science« zur »fiction« wird, steht der »fiction« der Weg zur »science« offen; die »schöne« Literatur ist nicht mehr bloß »schön«, sondern wichtiges, vielleicht gar privilegiertes Medium zur Reflexion über Erfahrung, ihre Gesetze und ihre Gegenstände. Konnte die Differenz zwischen Möglichkeitssinn und Wirklichkeitssinn prägnanter vermittelt werden als durch einen Roman? Ist es nicht gerade dieser dazu prädestiniert, die eigenen Spielregeln (welche in engster Beziehung zu den Spielregeln der Konstitution und Vermittlung von Erfahrungsgehalten stehen) zugleich zu demonstrieren und zu kommentieren? Wenn die Frage nach dem Einfluß der Literatur auf die Modalitäten unserer Wahrnehmung also in der Gegenwart besonders aktuell erscheint, so um des skizzierten Wandels der modernen »Wirklichkeit« willen, die nicht mehr als Antagonistin, sondern vielmehr als Produkt künstlerischer Entwürfe aus dem Geist des Möglichen zu gelten hat – zumindest als ein Nebenplanet von Tlön, wenn nicht gar als dessen »hrön«. Daß als Folge dieser

Entwicklung in der Gegenwart vielfältige und oft unvereinbare »Wirklichkeiten« miteinander um die Vorherrschaft konkurrieren, ist vielleicht dem am ehesten bewußt, der mit Hilfe der Literatur seinen Möglichkeitssinn wachhält. (Im übrigen wird natürlich auch die Bedeutung von lange Zeit scheinbar selbstverständlichen Ordnungsmustern des Lebens und Erlebens in eben dem Moment besonders deutlich klar, da sich ihre Nicht-Selbstverständlichkeit, ihre »Künstlichkeit« herausstellt.) Über die praktischen Konsequenzen jener Multiplikation von »Wirklichkeit« zu »Wirklichkeiten« ein Urteil zu fällen, dürfte nicht so einfach sein, und wo diesbezüglich die Auffassungen divergieren, wird es kaum einen Standort geben, der ein überlegenes Abwägen gestattete. Vorausgesetzt, daß Gemeinschaften nur auf der Basis von Konsensbildungen möglich sind, dürfte die Vielheit von »Wirklichkeiten« eher Unfrieden stiften – zumindest wenn sie als solche nicht bedacht wird.

Wie die oben zitierten Überlegungen Bichsels schon erkennen ließen, geht es mit jener »Wirklichkeit«, die als eine unter beliebig vielen anderen und unter Orientierung an komplexen Modellen und Vorgaben zustandekommt, keineswegs bloß um die »äußere Wirklichkeit« der sinnlich wahrnehmbaren Dinge, sondern auch um die innere des Ichs. Auch diese, Produkt der Selbstwahrnehmung, kann unter dem maßgeblichen Einfluß literarischer Muster stehen. In der Moderne gilt dies umso mehr, als hier kein Selbstentwurf mehr verbindlich, keine innere Verfaßtheit mehr als notwendig, keine »Identität« mehr als gegeben gelten kann. Gerade die Literatur weckt – schon seit der Romantik – den tiefen Zweifel an der »Identität« des Menschen und demonstriert die Genese künstlicher »Identitäten«. (Wobei »künstlich« ja nicht synonym mit »falsch« ist, wenn es keine »wahre« Alternative gibt. In diesem rein hypothetischen Fall könnte man zumindest prinzipiell »zu sich selbst« finden.) Damit führt sie modellhaft vor, was auch außerhalb der literarischen Texte mit jedem Prozeß der Selbst-Interpretation geschieht: eine Selbsterfindung. Wie man sein eigenes Inneres »lesen« kann: Literatur führt es vor, gibt Anregungen, unterbreitet Vorschläge. Was sich da letztlich als besonderes »Ich« begreift, ist oft nicht unwesentlich das Produkt von Lektüren. Mit einem Satz von Edmond Jabès: »Wir sind nichts anderes als die Vorstellung, die wir von uns selber machen.« Viele dieser Vorstellungen sind literarisch präformiert. Die keineswegs unwichtige Frage, ob neben der Literatur auch andere Künste oder »Medien« Einfluß auf Modalitäten und Gegenstände der Erfahrung nehmen, ja ob sie dies vielleicht in zumindest vordergründig intensiverer Weise tun, sei im folgenden ausgeklammert; sie läßt sich vermutlich auch kaum generalisierend beantworten, da ja die Lese-, Seh- und Hörgewohnheiten der einzelnen Menschen durchaus unterschiedlich sind und die Welt des Geschriebenen nicht jedem gleich viel bedeutet. Um diese allein soll es nun aber gehen – gerade mit These II:

Zweite These

Wenn Literatur prägenden Einfluß auf den Erfahrungsprozeß nimmt, so vermag sie dies in ihrer Eigenschaft als sprachlicher Entwurf

Die These von der Wirklichkeit als einem künstlichen Konstrukt ist aufs engste mit dem Namen Nietzsches verbunden. Im Zusammenhang damit stehen Nietzsches sprachkritische Reflexionen; auch das Gefüge sprachlicher Bezeichnungen und Verknüpfungsregeln gilt ihm als ein gegenüber jeder Wahrheitsfrage indifferentes, um seiner praktischen Funktionen willen hervorgebrachtes Konstrukt. Die begrifflich erfaßte Welt der hypostasierten »Wesenheiten« kann unter diesen Voraussetzungen als ein Derivat jenes Gebäudes sprachlicher Begriffe, als Projektion der »Grammatik« auf die zunächst ungeordneten Daten der Sinnenwelt, gelten. Pointiert gesagt: Die »Wirklichkeit«, in der die befremdlicherweise von einem Trieb nach absoluter »Wahrheit« motivierten menschlichen Tiere leben, ist eine sprachgegründete Fiktion. Nietzsche bleibt freilich nicht bei der Fiktionskritik stehen, er bemüht sich vielmehr, die Genese dieser Fiktionen nachzuvollziehen und sie im Hinblick auf ihre Lebensdienlichkeit affirmativ zu sehen. Den sprachbedingten Fiktionen wird zwar jeglicher Anspruch auf Wahrheit im traditionellen Sinne bestritten, zugleich aber der Anspruch auf eine Orientierung des Denkens an »Wahrheit« so radikal preisgegeben, daß die fiktionale Wirklichkeit keinem von übergeordnetem Standpunkt her auszusprechenden Verdikt verfällt.[39] Die »lügnerische« Sprache selbst stellt sich, nachdem der Durchgang durch ihre Kritik erfolgt ist, als unverzichtbares Instrument transzendentaler und künstlerischer Kreativität dar. »Transzendental« und »künstlerisch« werden sogar zu Synonymen. Als sprach-künstlerisches Konstrukt, als Entwurf des produktiven Sprachbenutzers, erscheint das »Lügengebäude« der fiktiven Wirklichkeit ästhetisch gerechtfertigt.

Das Bewußtsein möglicher »Vorahmung« von Wirklichkeit durch sprachliche Modelle verstärkt sich in eben dem Maße, als die transzendentale Dimension der Wörter und der »Grammatik« (also der sprachlichen Ordnungsmuster) durchschaut wird. Die Literatur kann davon gar nicht unbe-

39 Vgl. zu diesem Zusammenhang u. a.: Dieter Henrich: ›Versuch über Fiktion und Wahrheit‹. In: ›Poetik und Hermeneutik X‹, S. 514f.

troffen bleiben, da sie ihre Welt- und Lebensentwürfe ja im Medium Sprache gestaltet. Ob im Guten oder im Bösen (oder, jenseits von Gut und Böse: ob zu ihrer Freude oder zu ihrer Beklemmung): Literatur ist ans Wort gebunden, auch wenn sie gegen die Grenzen der Sprache anrennen und, manchmal obsessiv, auf Unsagbares hindeuten mag. Nietzsches Sprachreflexion legt dar, inwiefern der Mensch, unfähig zur Erfassung einer nicht-vermittelten Wirklichkeit, in einer zugleich »künstlichen« und lebensnotwendigen Wörter-Welt lebt.[40] Diese ist letztlich nichts anderes als ein »literarisches« Konstrukt. Verknüpft sich hier die Reflexion über jene »Literarisierung« des Lebens mit dem Wissen um Sprache als transzendentale Instanz und um die transzendentale Dimension insbesondere literarischer Konstrukte, so hat dieser Doppelbefund doch stets zwei Gesichter. Denn mit sprachhermeneutischer Reflexion wie mit fundamentaler Sprachkritik wird ja zugleich deutlich, daß jene Konstruktionen im Medium der Sprache zur Orientierung des Ichs unabdingbar sind. Und zwar sowohl zur Orientierung im Chaos ansonsten unfaßlicher, unverbundener und nichtssagender Erfahrungspartikel als auch im Chaos der alternativen Möglichkeiten praktischer Lebensgestaltung. Einen radikalen Neuansatz bedeutet Nietzsches Sprachkritik im übrigen trotz ihrer Originalität nicht. Historisch wären ihre Voraussetzungen mindestens zurückzuverfolgen bis zu Hamann und Herder, die schon ein Jahrhundert zuvor auf die transzendentale Dimension von Sprache und Wort verwiesen hatten, weiter zurück dann bis zu Giambattista Vico und den Sprachhuma-

40 Vgl. vor allem den Aufsatz: ›Ueber Wahrheit und Lüge im aussermoralischen Sinne‹ (1873). In: Friedrich Nietzsche: ›Kritische Studienausgabe‹. Hrsg. von Giorgio Colli und Mazzino Montinari. Bd. 1. München: Walter de Gruyter 1988, S. 873-890.

nisten, insofern sich hier bereits die Einsicht vorbereitete, daß Sprache keineswegs ein System bloßer Etiketten, sondern ein – und zwar privilegiertes – Medium der Weltauslegung und der Konstitution von »Wirklichkeit« als ganzheitlichem Gebilde ist.[41] Herder stellte mit besonderer Klarheit heraus, daß und wie subjektive Aneignung von Welt sich mittels differenzierender Benennungen vollzieht; Humboldt dann skizzierte das Modell einer sprachlichen Zwischenwelt und begründete die Lehre von den sprachlich bedingten Weltanschauungen. Ausgelegt durch eine bestimmte Sprache, formiert sich Wirklichkeit zum jeweils besonderen und eigen-artigen Welt-Bild. Sie eröffnet einen jeweils geschichtlich ausgelegten Welthorizont und ist damit allen Vorstellungen und Gedanken immer schon voraus. Zu den Erben Humboldts gehört Gustav Gerber, dessen voluminöses Traktat über die »Sprache als Kunst« Nietzsche kannte und für eigene Zwecke auswertete. Sprachphilosophie und Sprachwissenschaft stehen seit der zweiten Hälfte des 19. Jahrhunderts definitiv im Zeichen der Überzeugung, daß Sprache in hohem Maße Einfluß darauf nimmt, wie und als was Wirklichkeit dem erkennenden Subjekt erscheint. Die Welt, auf die sich eine Kommunikationsgemeinschaft ebenso wie jeder einzelne Sprachbenutzer sprechend bezieht, ist nicht als objektive und eindeutige gegeben und nicht »an sich« geordnet und strukturiert. Was der Gemeinschaft und dem Einzelnen als wirklich gilt, sprich: als »wirklich« erscheint, resultiert aus einer komplexen Folge von Interpretationsprozessen, in deren Verlauf Einzeldaten zu Ganzheiten zusammengefaßt und umgekehrt Kontinua gegliedert werden. (Nietzsche hatte auf beide Funktionen der Sprache – die

41 Dazu: Karl-Otto Apel: ›Die Idee der Sprache in der Tradition des Humanismus von Dante bis Vico‹. Bonn: Bouvier 1963.

synthetische wie die analytisch-strukturierende – hingewiesen.) Durch den Akt sprachlicher Bezugnahme auf »Wirkliches« differenzieren sich die Gegenstände als Gegenstände erst aus ihren Zusammenhängen heraus. Karl-Otto Apel hat von der Sprache als einem »transzendentalen Sinn-Apriori des Weltverstehens« gehandelt und von einer »Synthesis a priori von Welt in den Denkformen der natürlichen Sprachen« gesprochen.[42] Statt bloßer nachträglicher Bezeichnungen seien, so Apel, die sprachlichen Elemente »in Sprache geronnen[e]« geschichtliche Welterfahrung. Auch wenn die Frage nach dem Zusammenhang von Sprache und Erfahrung von der modernen Sprachphilosophie mit unterschiedlichen Akzentuierungen beantwortet wird, darf die generelle These von der Sprachgebundenheit jeglicher Erfahrung doch als allgemein konsensfähig gelten.[43] Insofern in den und durch

42 Apel: ›Die Idee‹, S. 39.

43 Zu den unterschiedlichen Akzentuierungen vgl. Helmut Fahrenbach: ›Erfahrung und Sprache in philosophischer Reflexion‹. In: Jörg Zimmermann, Hrsg.: ›Sprache und Welterfahrung‹. München 1978, S. 45f.: »Die konstitutionstheoretische Fragestellung nach dem Verhältnis von Erfahrung und Sprache erhält eine mögliche Aufstufung, die in der Differenz der Frage nach der sprachlichen ›Vermittlung‹ und / oder ›Bedingtheit‹ der Erfahrung zum Ausdruck gebracht werden kann. Diese Differenz zeigt die Möglichkeit einer stärkeren oder schwächeren These bzw. Beantwortung der Fragestellung an. Ist von einer sprachlichen Vermittlung der Erfahrung (bzw. des erfahrungsbezogenen Verstehens) die Rede, dann wird lediglich ein Artikulationszusammenhang zwischen Erfahrung und Sprache behauptet, demgemäß Erfahrung im Sprechen (in der Rede) artikuliert, d. h. zum Ausdruck gebracht wird und dieser Artikulation (u. U. notwendig) bedarf. Die mögliche These von der sprachlichen Bedingtheit würde darüberhinaus einen Konstitutionszusammenhang behaupten in dem Sinne, daß Sprache/Rede als innere, konstitutive Bedingung der Möglichkeit von Erfahrung bzw. Verstehen

die sprachlichen Aussagen so etwas wie »Welt« überhaupt erst erschlossen wird, erscheint die alte Differenzierung zwischen »wahren« und »falschen« Aussagen überholt. Man könnte eben diese welteröffnende Dimension der Sprache als »poetisch« charakterisieren und die These aufstellen, in poetischen Text komme sie am unverstelltesten und nachdrücklichsten zum Tragen – unter idealen experimentellen Bedingungen gleichsam.

»Wir müssen uns entschließen, die komplexere Tatsache anzuerkennen, daß in den Sätzen des dichterischen Sprechens allererst einmal Welt geschaffen wird. [...] Die dichterische Weltbegründung ist der fundamentale Sprachvorgang, sie schafft keine ›andere Welt‹, sondern mit ihrer Hilfe kann es dergleichen wie Welt für uns überhaupt erst geben.«[44]

So gesehen, können nicht allein die Dichter nicht »lügen« – es muß auch als plausibel gelten, daß poetische Deutungen den Blick auf »Welt« allererst orientieren und das Wirkliche unter ihrem spezifischen literarisch-poetischen Blickwinkel erscheinen lassen. Das poetische Wort ist als horizonteröffnendes Wort »ursprünglich«. Und was es erschließt, darf – um es im Horizont einer anders akzentuierenden, ihrerseits

aufgefaßt werden müßte. Es ist klar, daß erst diese zweite Möglichkeit die eigentliche transzendentale Relevanz der Sprache bedeuten [...] würde. [...] Nun ist bereits der erste Aspekt, der den Artikulationszusammenhang von Erfahrung und Sprache betrifft, keineswegs als nebensächlich oder von geringer Bedeutung anzusehen [...]. Denn erst ausgesagte, d.h. sprachlich artikulierte Erfahrung ist [...] in ihrem möglichen objektiven Gehalt faßlich und in ihrer Bedeutung verstehbar, und dies auch für den Erfahrenden selbst. Das Prinzip der Ausdrückbarkeit ist für Erfahrungen, deren Objektivitätsanspruch einen intersubjektiv nachvollziehbaren Realitätsbezug beinhaltet, konstitutiv.«

44 Beda Allemann: ›Wahrheit und Dichtung‹. In: ›Weltgespräch 7‹ (›Sprache und Wahrheit‹). 2. Folge. Wien / Freiburg 1969, S. 36.

implikationsreichen Metapher zu sagen – als seine »Spiegelung« betrachtet werden. Literatur im engeren Sinne verweist auf einen grundlegenden Befund: Aller Welterkenntnis inhäriert ein »poetisches« Moment, und umgekehrt hat jedes poetische Gebilde Erkenntnisfunktion. Die Erfindung Tlöns durch die literarische Phantasie, die Konstitution dieses merkwürdigen Reiches im Medium Sprache, die von dieser Konstruktion ausgelösten Verschiebungen in der Deutung von »Welt« überhaupt sowie die schließliche Assimilation der Realität an den sprachlich-literarischen Entwurf: all dies mag zwar zunächst wie ein verstiegener Einfall erscheinen, kann aber ebensowohl und mit größerem Recht als parabolische Reflexion über die transzendentale Funktion literarischen Sprechens gelesen werden. In der Kraft literarischer Texte zur Ausrichtung von Erfahrung bezeugt sich letztlich das transzendentale Potential der Sprache selbst. Otto Friedrich Bollnow hat den »hermeneutischen, d. h. auslegenden Charakter der Sprache« besonders treffend charakterisiert.

> »Hermeneutisch aber ist die Sprache, insofern sie nicht nur jeweils einen einzelnen Gegenstand bezeichnet, also einfach auf etwas unabhängig von der Sprache Bestehendes hinweist, sondern diesen Gegenstand von vornherein in einem ganz bestimmten Licht sehen läßt, ihn erst in diesem Licht als einen bestimmten und besonderen heraushebt und insofern diesen Gegenstand erst eigentlich schafft.«[45]

So lebt der sprachgebundene Mensch, vor allem aber der Leser, nicht in einer »natürlichen« Welt, sondern in einer Kunst-Welt.[46] Die »natürliche Welt«, die »Natur«, ist eine

45 Otto Friedrich Bollnow: Referat auf dem III. Deutschen Kongreß für Philosophie (Bremen). Kongreßbericht: ›Symphilosophein‹. Hrsg. von Helmut Plessner. 1952, S. 141.

46 Diese These berührt sich mit den Lehren Ernst Cassirers, zumal in dessen »Essay on Man«. Diesem zufolge lebt der Mensch »in

Fiktion von Gnaden der Literatur, ausgedacht von Leuten wie dem Schriftsteller Rousseau und objektiviert im schriftlichen Medium. Was die Rousseau-Leser als »Natur« wahrnehmen, ist nichts als ein Derivat seiner Texte, eine kaschierte Wörter-»Natur«. Im Blick auf unsere Ausgangsfrage formuliert: Literatur kann sich deshalb in der Wirklichkeit »spiegeln«, weil alle Wirklichkeit als Spiegelbild sprachlicher Entwürfe angesehen werden darf. Sprache in ihrem Alltagsgebrauch läßt den Sprecher in eine bestimmte und nicht-notwendige Beziehung zu den Gegenständen seiner Erfahrung treten. So vollzieht sich im Sprachprozeß – mit einem Ausdruck Johannes Andereggs – eine »Relationierung«.[47] In literarischen Texten nun wird diese »Relationierung« exemplarisch vollzogen – mit der Absicht, die Aufmerksamkeit des Lesers für diesen Prozeß selbst zu schärfen. Daß die Auslegung der Dinge, die Konstitution einer sprachgegründeten »Welt«, damit an Naivität und unmittelbarer Suggestivkraft verlieren kann, sollte wohl in Kauf genommen werden, ist vielleicht sogar wünschenswert. Wenn Literatur überhaupt »aufklärerisch« wirken kann, dann vielleicht hier.

einem symbolischen und nicht mehr natürlichen Universum. Sprache, Mythos, Kunst und Religion sind Teile dieses Universums. Sie sind die bunten Fäden, die das Symbolnetz weben, das verknotete Gewebe menschlicher Erfahrung [...] Er lebt so sehr in sprachlichen Formen, in Kunstwerken, in mythischen Symbolen oder religiösen Riten, daß er nichts erfahren oder erblicken kann, außer durch Zwischenschaltung dieser künstlichen Medien.« (Ernst Cassirer: ›An Essay on Man‹. Übersetzt von Wilhelm Krapf: ›Was ist der Mensch?‹ Stuttgart 1960, S. 39.)

47 Johannes Anderegg: ›Das Fiktionale und das Ästhetische‹. In: ›Poetik und Hermeneutik X‹. Vgl. dort S. 159: »Wo immer man sich der Sprache bedient, da wird eine Relationierung vollzogen, jede Form des Sprachgebrauchs ist zugleich auch eine Relationierung, eine Form der Konstitution von Wirklichkeit oder Wirklichkeitssicht.«

»[...] wir fragen dann [bei der Lektüre literarischer Texte] nicht nach der Bedeutung von Wörtern und Sätzen, sondern begreifen die Art und Weise des Sprachgebrauches selbst als Zeichen für die Konstitution einer bestimmten Welt oder Wirklichkeit, als ein (Super-)Zeichen also, durch das sich uns die Relationierung erschließt.«[48]

Hier schließt sich der Kreis zu jenen Theoretikern des Erzählens, die oben bereits zu Wort kamen: mit ihrer These von der menschlichen Sehnsucht nach einer erzählerischen Ordnung des Lebens. Beschriebene Wirklichkeit ist immer schon ausgelegte Wirklichkeit – deutbar als Vorschlag des Textes an den Leser, sich dieser Auslegung anzuschließen oder aber ihr eine eigene entgegenzustellen. Tatsächlich ist auch die exotischste »Andere Welt«, insofern sie durch die Kombinatorik der Sprache entsteht, niemals ohne Bezug zur Lebenswelt der Schreibenden und Lesenden. Tlön zumal kann nicht schlichtweg als grund- und bodenloses Utopien jenseits aller erfahrbaren Wirklichkeit abgetan werden; dies zeigt sich auf der Ebene der Geschichte daran, daß es nicht ausgrenzbar ist, sondern ins Hier und Jetzt eindringt. Die

48 Anderegg: ›Das Fiktionale‹, S. 159. Vgl. im selben Band auch Rainer Warning: ›Der inszenierte Diskurs‹, S. 201: »Jeder fiktionale Text bezieht sich auf die Lebenswelt seines intendierten Publikums, auf seine Schemata der Aneignung, der Interpretation und der handelnden Gestaltung von Wirklichkeit. Diese Lebenswelt kehrt im Text selbst wieder in Form modellhafter Konstruktion.« – Dem wäre – unter Berufung auf Anderegg – entgegenzuhalten, daß es im literarischen Werk eben nicht unbedingt um »diese« Wirklichkeit gehen muß, sondern auch um »andere« Wirklichkeiten gehen darf. Zu kurz greift entsprechend auch die der obigen These korrespondierende Behauptung, der fiktionale Text sei »ein semiotisches System, das auf dem primären Zeichensystem der Sprache operiert und eine gegebene soziokulturelle Wirklichkeit modellhaft abbildet.« (So Warning, in Anlehnung an Jurij M. Lotman.)

idealistische Welt von Tlön ist jene Erscheinungsform der Realität selbst, welche dem Zeitalter einer »anderen Auslegung« (Rilke) entspricht. Sprache hat hier ihr gestaltendes und verwandelndes Potential mit besonderer Drastik bewiesen, hat alles ausgelegt, bis – nein: auf daß es anders werde. Nicht zufällig nimmt ja die schließliche Verwandlung der Alltagswelt in Tlön, wie am Schluß mitgeteilt wird, ihren Ausgang vom Eindringen des Tlönschen Kunst-Idioms ins alltägliche Leben. Damit werden nicht einfach für alte »Fakten« neue »Etiketten« gefunden, sondern das jeweils Benannte unterliegt selbst einer sprachbedingten Metamorphose. Dann und genau dann, wenn alle diese künstliche Sprache sprechen werden, die einst bloß das Produkt kollektiver literarischer Imagination war, mittlerweile ein allgemein akzeptiertes Idiom ist, – dann eben wird die Welt Tlön sein.

»Tlön« ist eine modernere Variante der sprachbedingten »Lügen«-Gebäude, von denen Nietzsche gesprochen hatte.[49] Nietzsches Verdienst im Hinblick auf spätere Versuche, die horizonteröffnende Dimension von Sprache und Literatur genauer zu erfassen, liegt insbesondere darin, die »künst-

49 Nietzsche besitzt, wie andere Sprachtheoretiker auch, eine ausgesprochene Affinität zu Architekturmetaphern, wenn es um die Bedeutung der Sprache für die Auslegung der Welt geht. Wie eine Paraphrase der Geschichte Tlöns klingt die folgende Passage aus »Ueber Wahrheit und Lüge im aussermoralischen Sinne«: »An dem Bau der Begriffe arbeitet ursprünglich [...] die *Sprache,* in späteren Zeiten die *Wissenschaft.* Wie die Biene zugleich an den Zellen baut und die Zellen mit Honig füllt, so arbeitet die Wissenschaft unaufhaltsam an jenem grossen Columbarium der Begriffe, der Begräbnisstätte der Anschauung, baut immer neue und höhere Stockwerke, stützt, reinigt, erneut die alten Zellen, und ist vor allem bemüht, jenes in's Ungeheure aufgethürmte Fachwerk zu füllen und die ganze empirische Welt d. h. die anthropomorphische Welt hineinzuordnen.« (›Ueber Wahrheit und Lüge im aussermoralischen Sinne‹, S. 886.)

lerische« Dimension sprachlich-transzendentaler Produktivität betont zu haben; er hat damit zumindest den Weg für die These bereitet, es bestehe keine qualitative Differenz zwischen sprachlich-poetischen Welt-Entwürfen im engeren und im weiteren Sinne. Eine enge Beziehung besteht zwischen der von den »Sprachhermeneutikern« und Nietzsche vertretenen Konzeption einer wirklichkeitsbegründenden Sprache und moderner Sprachskepsis (die ja nicht zuletzt im literarischen Medium zum prägnanten Ausdruck findet). In dem Maße, als der Sprachbenutzer sich dessen bewußt wird, daß er mithilfe der »Grammatik« und der sprachlichen Auslegungsmuster überhaupt erst eine Ordnung ins Chaos der Erfahrungsdaten bringt, sich »seine Welt« also durch Sprache zurechtmacht, wächst natürlich auch die Beklemmung angesichts der Beliebigkeit alles solcherart Konstruierten. Die mittels der Sprache dem Wirklichen aufgeprägte Ordnung ist nicht »wahr«, sondern funktional, sie gilt nicht absolut, sondern nur relativ, ist nicht stabil, sondern instabile Funktion historischer Sprachverfassungen, individueller Sprachbeherrschung und je besonderer Lebensumstände. Die »Welt« ist eine »Erdichtung«, wobei ihr – dies unterscheidet diesen modernen Ansatz vom alten Platonischen – das positive Gegenbild einer »authentischen« Wirklichkeit abhanden gekommen ist. Daß sich das, worüber man sich als über das »Wirkliche« verständigt (oder auch nicht), Resultat der Assimilation von Erfahrungs-»Stoff« an sprachgegründete Auslegungsmuster ist, weckt zwiespältige Gefühle: Zum einen belegt es die Macht der Sprachbenutzer, sich ihre Weltentwürfe zurechtzulegen, und die Art, wie einem Einzelnen dieses und jenes erscheint, sagt über seine intellektuelle Eigenart mehr aus als etwa über die »eigentliche« Beschaffenheit des Erscheinenden selbst. Zum anderen bleibt ein Rest von Unbehagen gerade angesichts des Auslegungscharakters von

Erfahrung: Da ist erstens die Gefahr, daß der einzelne Interpret mit seiner (womöglich als solcher auch noch uneingestandenen) Auslegung allein bleibt. Gerade dort, wo Literarisches modellbildend wirkt, liegt dieser Verdacht nahe, denn Lektüren vollziehen sich oft einsam, und über die prägende Wirkung eines literarischen Erfahrungsmodells gibt derjenige, der sich an ihm orientiert, seiner Mitwelt wohl eher selten und ungern Rechenschaft. Zweitens impliziert der konstitutive Anteil literarischer Modelle an der subjektiv erfaßten »Wirklichkeit« die Möglichkeit einer so subtilen wie nachhaltigen Fremdbeeinflussung. Wie und als was uns die Wirklichkeit erscheint, hängt zu beträchtlichen Teilen davon ab, wie sie uns ein anderer beschrieben hat. Im Falle literarischer Texte, die eine komplexere und reflektiertere Wahrnehmung provozieren, zu neuen Erfahrungen anregen, dem Leserbewußtsein neue Dimensionen der Welt erschließen, mag dies eindeutig positiv beurteilt werden. Aber was ist mit Texten, welche den Wahrnehmungshorizont einengen und den Leser einseitig orientieren, mit Schriften, die ihm die Welt aus manipulativer Absicht heraus in einem bestimmten Licht erscheinen lassen? Was ist mit der propagandistisch eingesetzten Literatur? Und was mit der sogenannten Trivialliteratur, deren Unterscheidbarkeit von sogenannter hoher Literatur hier nicht weiter erörtert sei, deren Wirkungsweise aber darin gesehen werden mag, daß sie Wahrnehmungsklischees verfestigt, statt sie aufzubrechen und in Frage zu stellen, daß sie scheinbar gültige und möglichst simple Welt-Bilder festschreibt, statt den Entwurfscharakter aller einschlägigen Bilder bewußt werden zu lassen? Nein: einhellig begrüßen mag man die Genese von »Welt« als Extrakt aus den »Büchern« nicht.

Sicher ist nur: Alle »möglichen Welten« entstehen in der Literatur aus dem Wort – aus einer Sprache, die an unser

Vorstellungsvermögen appelliert, unseren Mut zur Deutung herausfordert. Analoges gilt aber auch für die wirkliche Welt in ihrer Gebundenheit an eine Sprache, die sie strukturiert, interpretiert, kommunikabel macht und als Gegenstand der Erfahrung letztlich überhaupt erst konstituiert. Mit jeder literarisch evozierten »möglichen Welt« entsteht ein Modell zur Organisation von Erfahrung. Die Geschichte von Tlön bietet natürlich ein besonders drastisches Beispiel dafür.

Die Frage, ob und in welchem Maße literarische Modelle die Erfahrung von Wirklichkeit beeinflussen oder gar im Sinne einer transzendentalen Konstitution von »Welt« prägen, darf ohne Übertreibung zu den Haupt-Motiven neuzeitlicher Literatur gezählt werden (wobei Motiv im Sinne von »Movens« verstanden sei – als treibende Kraft). In engem Zusammenhang damit steht zumal im ganzen letzten Jahrhundert das intensive Interesse von Dichtung und Dichtungstheorie an der Sprache, die auf vielfältige Weise zur Reflexion provoziert – nicht als ein Thema unter anderen, sondern zugleich als Bedingungsgrund des Textes selbst und der Wirkungen, welche er haben kann. Auf die Erschlossenheit der Welt durch Sprache, die horizontbildende Macht des Wortes, wird unter verschiedensten Perspektiven aufmerksam gemacht – wobei sich das Spektrum der Bewertungen zwischen Sprachenthusiasmus und radikaler Sprachkritik erstreckt. Gerade die Besinnung auf die transzendentale Dimension des Wortes bringt die anachronistische Diskussion über die Nachahmungsfrage zu einem definitiven Ende. Über die Sprachthematik angegangen, läßt sich auch die Frage nach der modellbildenden Funktion der Literatur auf besonders pointierte Weise stellen. Andere Zeiten freilich haben sie auf andere Weise gestellt und schon früh die Beeinflussung von Erfahrung durch Lektüren erkannt.

Seit dem Beginn der Neuzeit verknüpft sich die Frage nach einer Orientierung des Menschen an Prätexten zumal mit der zum Problem gewordenen Frage nach der Identität des »Ichs«. Diese insbesondere erscheint nun als etwas (im Sinne einer Entelechie) zur Realisation Aufgegebenes, wobei nicht eindeutig entschieden werden kann, ob das Ziel solcher Realisation vorgegeben oder ob Identität letztlich etwas völlig Unabgesichertes und Beliebiges ist. An einer Aufgabe wie der, ein »Jemand« zu werden, kann man jedenfalls durchaus scheitern – und die Literatur schildert ja selbst vielfache Irrwege bei der Selbstsuche und experimentellen Selbstkonstitution des Ichs. Statt »sich« zu finden, entwickelt sich der Leser, zumal der obsessive, gelegentlich zum Abziehbild der Romanfiguren, mit denen er es zu tun hat. Am Scheitern des Ich-Suchers können literarische Texte also mitschuldig sein, wenn sie diesen mit einer unbewußt geborgten »Identität« versorgen, ihn also zu einer unreflektierten Existenz als Kopie verleiten. In Frage steht hier das Vermögen des Ichs zur Selbstbestimmung, also seine Freiheit, so oder anders zu sein, und diese Frage verschärft sich in dem Maße, als sich das neuzeitliche Subjekt bei der Gestaltung und Deutung seines Lebens von allen religiösen Vorgaben emanzipiert. Im negativen Sinne »frei«, sein Leben zu gestalten und zu deuten, sieht sich vor allem das moderne Ich mit der Schwierigkeit konfrontiert, die nichtssagenden Partikel innerer und äußerer Erfahrung überhaupt noch zu organisieren und zu interpretieren – um etwa aus Momenten der Selbstwahrnehmung ein konsistentes »Selbst« zu entwickeln. Auf dem Spiel steht, wenn man so will, die Möglichkeit einer »Autorschaft« am eigenen Seelen- und Lebensbuch. Die Literatur nun propagiert im Laufe ihrer Geschichte einerseits immer wieder das Konzept eines freien und mit sich identischen Subjekts – und zwar in dem Maße, als sie sich an Autonomie- und

Emanzipationsideen orientiert; andererseits produziert sie in eben dem Maße, als sie überzeugend auf ihre Leser wirkt, Identifikations-Muster, welche, vorsichtig gesagt, in einer deutlichen Spannung zum Idealkonzept eines autonomen Subjekts stehen. Der literarische Held wird zum potentiellen Urbild, das sich im Leser spiegeln möchte; er überredet letzteren oft gleichsam dazu, in seine Heldengestalt – und ins Buch – hineinzuschlüpfen.

Dritte These
Die Literatur hat es immer schon gewußt oder: Das Don-Quijote-Syndrom als literarisches Thema

Man könnte die These von der literarischen Prägung des Erfahrungs- und Selbstwahrnehmungsprozesses sowie der daraus resultierenden Konstitution von »Welt« und »Ich« durch das literarische Medium als »Quijote«-These bezeichnen: Die spektakuläre Geschichte des bücherversessenen Ritters ist eine paradigmatische Fallstudie in Sachen Lektüre und Erfahrung; beschrieben werden die Voraussetzungen und Folgen einer radikalen Orientierung der Weltauslegung an literarischen Vorgaben mit dem Effekt einer Verwandlung der Welt. Wer zuviel liest, dem verrücken die Bücher den Kopf so, daß er die wirkliche Welt mißversteht oder gar übersieht; eine Welt von Chimären tritt an die Stelle der realen Umwelt, und die unausweichliche Folge ist ein ständiges Scheitern an den Anforderungen der letzteren – dies wäre in etwa die Oberflächenbotschaft der Rittergeschichte. Wer literarischen Mustern folgt, macht sich zum Narren – so scheint es zumindest vordergründig. Cervantes' Roman hat jedoch einen doppelten Boden – und es dürfte diese Doppelbödigkeit sein, welche seine romantischen Leser wie

Friedrich Schlegel und Jean Paul so an ihm schätzten. Einerseits ist Quijote ein Narr, der in einer Ersatzwelt lebt, und seine Geschichte kann, ja muß erzählt werden, um vor den verderblichen Folgen der Literatur zu warnen. Andererseits weist diese Lesart diverse Brüche auf.

– Erstens stellt sich die Frage nach der Überzeugungskraft jener Wirklichkeit, an welche die anderen glauben, die sich aber doch offenbar allzuleicht von literarischen Entwürfen verdrängen läßt. Wenn sich die Dinge so und auch anders interpretieren lassen: Haben wir es dann mit der Kollision von Wahn und Realismus oder mit dem Antagonismus zweier divergenter Interpretationen von Welt zu tun? Wer beweist wem, was wahr ist? Und von welchem Standort her? Gibt es ein überlegenes Wahrnehmungs- und Deutungsprinzip, gemessen an dem das Lesemuster des fahrenden Ritters als »falsch« abzutun wäre? Hinter dessen Insistenz auf der Realität seiner Vorstellungen steckt doch zweifellos mehr als individueller Starrsinn: Hier behauptet sich ein literarisch inspiriertes Weltdeutungsmuster durch Erprobung seines sinnstiftenden Potentials. Reizvoll ist Don Quijotes Lesart der Welt vor allem deshalb, weil sie auch solche Dinge als sinnvoll und »intentional« erscheinen läßt, welche der »normale« Alltagsverstand als beliebig und nichtssagend begreift. Noch das Trivialste wird für den Romanleser zum Geheimnis, zum bedeutsamen »Zeichen«. Wer aber will einem Gewohnheitsleser verwehren, Geschichte selbst unter der Prämisse eines Maximums an Bedeutung zu entziffern? Ist nicht der Leser der wahre Autor, so daß er immer recht hat? Alle Versuche der Alltagsmenschen in Cervantes' Roman, hier »aufklärend« auf den Weltleser Don Quijote einzuwirken, erscheinen im Licht einer tiefen Ironie. Findet nicht Quijote für jeden Ernüchterungsversuch eine Erklärung, die zu seiner Interpretation der Welt paßt? Haben ihn nicht die

Ritterbücher mit Deutungsmustern auch für das scheinbar Abwegigste versorgt, etwa indem sie die Möglichkeit von Wundern und Zaubereien zuließen? Und wenn Kohärenz das Kriterium für »Wirklichkeit« ist: Ist Quijotes Welt weniger kohärent und in sich stimmig als die der anderen?

– Zweitens ist Quijote dem »realistischen« Romanpersonal moralisch überlegen, da es ihm immer auch um den (wiederum literarisch inspirierten) Entwurf eines besseren »Selbst« geht. Und so liegt der Schluß nahe, die Wirklichkeit, in der er lebe, sei wenn schon nicht realer, so doch wohl »besser« als die sogenannte wirkliche Welt, die ja ihrerseits auch nichts weiter als das Produkt mehr oder weniger tragfähiger kollektiver Konsensbildung ist.

– Drittens dann greift Quijotes Wirklichkeit in die ihr antagonistische Wirklichkeit der anderen – jener Nicht-Leser und Skeptiker – so prägend ein, daß die Differenzierung zwischen authentischer und imaginärer Welt nicht mehr aufrechterhalten werden kann. Die »Vernünftigen«, die »Realisten«, spielen mit Quijote, spiegeln ihm mancherlei vor – aber sie lassen sich dabei doch gerade auf seine Spielregeln ein, gestalten die Welt mehrfach gezielt nach den Entwürfen seiner Einbildungskraft. Manche der Personen im Roman tut zeitweise, als entstamme sie den Lieblingsromanen des Ritters. Betrachtet man insbesondere die inszenierten Abenteuer am Hofe des Herzogs, so liegt der Schluß nahe, daß sich in Cervantes' Roman die von der Hofgesellschaft repräsentierte sogenannte Realität mindestens ebenso oft nach der – in Don Quijote – verkörperten Poesie richtet wie umgekehrt.

– Viertens läßt nicht nur der Inhalt, sondern auch die Struktur des Romans Zweifel an der klaren Scheidung zwischen »Imaginärem« und »Realem« aufkommen, und zwar durch das Spiel mit Rahmungen, die etabliert und dann wieder durchbrochen werden. Quijote ist nicht nur Held eines

Romans, er lernt diesen Roman auch selber kennen (genauer: im zweiten Teil des Romans wird der erste gelesen), und die Erörterungen über die adäquate Fortsetzung von Quijotes Geschichte, verbunden mit der Kritik am fälschlich unterschobenen Konkurrenzprodukt eines fremden Autors, führt zu ständigen Ebenenwechseln zwischen der Welt Quijotes und der seines »Biographen« Cervantes; betroffen ist auch und gerade der Leser. Das Literarische greift – eine Antizipation der Geschichte Tlöns! – auf das umrahmende Wirkliche aus, und so entwickelt sich ein Spiegelungsverhältnis zwischen der Relation zwischen Romanwelt und Außenwelt hier, der zwischen Quijotes Einbildungen und der Romanwelt dort. Auf die Köpfe der Leser eingrenzen läßt sich das Imaginäre nicht; vielmehr drückt es im Fall Quijotes der Außenwelt gegen alle Widerstände sein Siegel auf. Und schon bei Cervantes – dies macht seinen Roman so modern – thematisiert Literatur sich selbst unter dem Aspekt ihres »vorahmenden« Potentials, wenngleich diese poetische Intention in unauflöslicher Spannung zur vordergründig-didaktischen Absicht des Erzählers, eben zu seiner Warnung vor »falschen« literarischen Deutungsmustern, steht. Statt über die Schädlichkeit der Romanlektüre aus überlegener Perspektive aufzuklären, wird durch den Fall Quijote (auf eine weit eindrucksvollere Weise, als Cervantes es zunächst ahnen mochte) demonstriert, daß und wie das Eingehen auf literarisch-poetische Vorgaben Wirklichkeit gestaltet und schafft. Wenn auch die »anderen« Mitspieler sich keineswegs aus Überzeugung auf Quijotes Vorstellungswelt einlassen mögen (mit gelegentlicher Ausnahme Sanchos), so sind sie eben doch Akteure in einem romanhaften Szenario. Und aus der Sicht des Helden folgt zumindest sein eigenes Leben den Gesetzen der so sehr geliebten Romanwelt. Das Erwachen aus diesem Traum kommt dem Tod gleich.

Spätestens seit Cervantes thematisieren Literatur und Poetik zugleich die Ambivalenzen der von ihr selbst diagnostizierten Spiegelung von Literatur in Wirklichkeit. Die einseitig positive Akzentuierung einer orientierenden Funktion des poetischen Mediums erfolgt nur selten so nachdrücklich wie bei Novalis. »Wir leben in einem colossalen (im Großen und Kleinen) Roman«, so statuiert dieser, und er fordert eine »Romantische Orientierung, Beurtheilung, und Behandlung des Menschenlebens«.[50] Der Leitidee einer zunächst verborgenen Analogie zwischen Leben und Roman folgend, sieht Novalis im poetischen Artefakt ein Modell zur Organisation innerer und äußerer Erfahrung; Leben erscheint als sinnvoll und als Zusammenhang, insofern es wie ein Roman lesbar ist. Die »Zufälle unsers Lebens« sind der Stoff für den immer erst noch herzustellenden Lebens-Roman; das Ich soll »Autor« werden. Sein Leben wie einen poetischen Entwurf gestaltend, eignet es sich jegliches Erfahrungs-»Material« an.[51] Ein und dieselbe transzendentale Produktivität liegt also Romanen wie Lebensgeschichten zugrunde, und letztlich wird der poetische Gestaltungsprozeß zum Paradigma der Konstitution von Wirklichkeit schlechthin. Entscheidend für Novalis' Programm einer Orientierung des Lebens am Modell des Romans – dessen Struktur damit zur Matrix möglicher Erfahrung wird – ist es, daß dabei aus der Autor-Perspektive gesprochen wird und nicht etwa aus der des Rezipienten: »Das Leben soll kein uns gegebener, sondern ein von uns gemachter Roman seyn.«[52]

Völlig anders stellt sich die auch von vielen anderen Autoren konstatierte Analogie zwischen Leben und literarischem

50 Novalis: ›Schriften‹. Bd. III, S. 434.

51 Novalis: ›Schriften‹. Bd. II. Stuttgart: Kohlhammer 1965, S. 436.

52 Novalis: ›Schriften.‹ Bd. II, S. 563.

Text dar, wenn sich der »Held« des gedachten und beschriebenen Lebens-Romans nicht als dessen produktiver Autor, sondern als einfallsloser Nachahmer vorgegebener und angeeigneter literarischer Muster darstellt – wenn nicht gar als bloße Spielfigur in einem undurchschauten Szenario. In solchem Fall erscheinen Leben und literarisches Konstrukt zwar gleichfalls als analog, der Akzent liegt aber nicht auf dem Prozeß ihrer Konstitution, sondern auf der Vorgegebenheit eines literarischen Prä-Textes, also eines dem erfahrenden und handelnden Ich fertig vorgelegten Modells, nach dessen Anleitung es seine Lebensgeschichte reproduziert. Freilich bewährt sich auch dabei die suggestive Kraft literarischer Organisationsmuster.[53] Zu nennen wären diverse und promi-

53 In einer historischen Situation, da die Lebens- und Handlungsmuster des Einzelnen von übergeordneten Instanzen nicht mehr verbindlich vorgeschrieben werden können, begibt sich dieser Einzelne auf die Suche nach anderen Vorgaben zur Orientierung. Insofern es bis in die Neuzeit hinein vor allem die Kirche ist, welche jene Muster vermittelt, ist in jener Umorientierung ein Prozeß der Säkularisierung zu sehen. In der Emanzipation von allgemeinen Vor-Schriften liegt nun ein Grundzug der Aufklärung. Diese propagiert die Verwirklichung des selbstbestimmten Individuums durch Denken und Handeln, was eine Aufforderung zu individueller Lebensführung im Zeichen der Besonderheit des Einzelnen impliziert. Im Widerspruch dazu steht es, wenn sich der von kirchlich-religiösen Vorgaben notdürftig emanzipierte Einzelne nun an anderen, aber immerhin auch vorgegebenen Prätexten zu orientieren beginnt und sein Leben als deren Kopie gestaltet. Wenn dabei besondere Suggestivkraft von literarischen Texten ausgeht so übernehmen diese die einstige Funktion der kanonischen Schriften; die Romanhelden ersetzen die Heiligen von einst. Das Thema des Lesers, der die Literatur lebend kopiert, beschäftigt – als indirekte Folge der Aufklärung und Säkularisierung – vor allem das 18. Jahrhundert, dem die Frage nach dem richtigen Leben, nach der Identität des Ichs, aber auch nach dem moralisch-pragmatischen Wert der Literatur

nente Beispiele aus der Romanliteratur, die hier dem eigenen Wirkungspotential so fasziniert wie selbstkritisch gegenübersteht. Der bücherlesende Held, welcher in der Außenwelt nichts anderes als die Fortsetzungen zu seinen Romanen sucht und findet, wird zum literarischen Typus, vor allem im 18. Jahrhundert: Karl Philipp Moritz' Anton Reiser, Goethes Werther sowie viele ihrer Nachfolger leben ein Leben aus zweiter Hand, ein angelesenes Leben. Und ihre Geschichten zeigen: Nicht nur die Strukturen des Erlebens, sondern auch dessen Gegenstände und Inhalte können Derivate literarischer Vorgaben sein, so daß Selbst- und Weltinterpretation des Ichs insgesamt im Zeichen literarischer Vermittlung stehen. Bedingung dafür ist natürlich erstens die Vertrautheit mit Literatur, ist jene für das neuzeitliche Subjekt so charakteristische Faszination durch die Welt der Bücher, die bis zur völligen Identifikation mit dem Gelesenen gehen kann. Eine zweite, selbstverständlichere und gerade daher vielleicht weniger offenkundige Bedingung möglicher Transformation des Lesers in eine »literarische« Figur ist die Tatsache, daß dieser lesend überhaupt nach Erfahrungsmodellen und

ja ohnehin äußerst wichtig ist. Von der »Verführung« der Einbildungskraft des Lesers durch Romane, die zur Identifikation einladen, erzählt aber schon Cervantes. Don Quijotes Geschichte ist freilich nur denkbar in einem Zeitalter, das keine verbindliche religiöse Absicherung des Lebens mehr kennt. Das in der skizzierten historischen Situation sich stellende Problem besteht nicht darin, daß die handelnden Menschen erst jetzt beginnen, sich an Vor-Schriften für ihr Leben zu orientieren, sondern darin, daß ihnen die Entscheidung infolge konkurrierender Entwürfe nun erst schwer wird. Da die aufklärerische Leitidee des freien und selbstbestimmten Individuums mit jeglicher Unterwerfung unter vorgegebene Lebensmuster inkompatibel ist, mag die Inklination des Einzelnen, sich solchen Mustern zu assimilieren, auch erstmalig als solche bewußt werden.

Deutungsvorgaben sucht. Nur ein Leben, dessen Ordnung auf- und nicht vor-gegeben ist, ein Dasein, dessen Sinn und Zusammenhang als zumindest fragwürdig, wenn nicht gar letztlich als illusionär gelten müssen – nur ein solches zunächst grund- und bodenloses Dasein kann und wird nach einem artifiziellen Fundament suchen. Literatur ahmt zwar angesichts der Irritation (ja des Entsetzens) über die kontingente Faktizität der Dinge und der eigenen Existenz sinnvollerweise vor, wie Faktisches sich als signifikant, Disparates sich als kohärent interpretieren läßt. Das eigentliche Problem jedoch besteht – was die selbstreflexive Literatur nicht verschweigt – eben darin, daß sich der sein eigenes Leben am literarischen Prätext orientierende Leser eben dieses Bedingungsverhältnisses keineswegs immer bewußt ist.[54] Er mag seine Erfahrungs-Kontexte, auch wenn diese nichts anderes als die Kopien einer rezipierten Vorlage sind, irrtümlich für ursprünglich, unvermittelt und authentisch halten. Derlei Selbsttäuschungen gehören sogar fast notwendig zum Normalbild des Quijote-Nachfolgers. In seinen Illusionen pflegen ihn dabei nicht zuletzt jene literarischen Texte zu bestärken, welche die Unvermitteltheit innerer und äußerer

54 Wer unreflektiert einem vorgegebenen Lebens-Muster nachlebt, verliert sich an einen fremden Entwurf (auch wenn der Autor des »kopierten« Buchs der Individualitätsidee verpflichtet ist). Das Quijote-Syndrom muß angesichts der theoretischen Forderung nach Freiheit und Selbstbestimmung des Ichs daher besonders anstößig erscheinen. Die Rezeption literarischer Texte wird im literarischen Medium immer auch kritisch-skeptisch reflektiert – und zwar in eben dem Maße, als jene Texte faszinieren. (Nur wer der Instanz Literatur beträchtliche Suggestivkraft zuschreibt, mag sie als virtuelle Verführerin betrachten; die Idee eines »kopierten« Lebens kann nur in einer Kultur des Buches aufkommen – auch insofern trägt die Aufklärung zur skizzierten Entwicklung bei.)

Erfahrung thematisieren (und dabei suggerieren, so etwas gebe es). Literatur selbst reflektiert nun auf unterschiedliche Weise über die Präformation des Lebens, seiner Inhalte wie seiner angenommenen »Bedeutungen«, durch die Literatur; die Karriere dieses Themas steht in engem Zusammenhang mit der literarischen Reflexion über die Orientierungslosigkeit (die »transzendentale Obdachlosigkeit«) des Ichs in einer zunächst sinn- und zusammenhanglosen Welt. In diesem Bewußtsein von der eigenen Funktion und der eigenen Macht besteht eine wesentliche Komponente literarischer Autoreflexivität. Immer wieder erzählen die Texte von der Assimilation des Lebens an literarische Muster, und sie erfassen dabei sowohl die positive als auch die negative Seite dieses Vorgangs, demonstrieren die kompensatorische Bedeutung von Lektüren für die Lesenden, der sich sonst einem Abgrund von Bedeutungslosigkeit gegenüber sähe, warnen aber auch vor den damit verbundenen Illusionen. Insofern die Selbstidentifikation eines Lesers mit den literarisch-imaginären Gegenständen seiner Lektüre bei Cervantes zum erstenmal in ihrer ganzen Ambivalenz geschildert wird (Ambivalenz bedeutet hier gerade nicht blanke Lächerlichkeit; Don Quijote ist so dumm nicht, nur radikaler als andere), könnte man vom »Don-Quijote-Syndrom« sprechen. Erinnert sei allerdings daran, daß die zur Imitation überredende Macht literarischer Vorgaben schon lange vor Cervantes an prominenter Stelle bewußt gemacht wird: mit der Geschichte von Paolo und Francesca in Dantes »Divina Commedia« (Inferno, 5. Gesang): Wer Bücher liest, neigt offenbar im Mittelalter bereits dazu, das Gelesene nachzuleben. Kein Zufall wohl, daß es sich bei dieser frühen Thematisierung des Lebens als Spiegel der Literatur um eine Verführungsszene handelt. Der Liebesroman zeigt dem lesenden Liebespaar, was da, nach vorläufig einzustellender Lektüre, wohl zu tun wäre;

er unterlegt damit einer schon bestehenden, aber uneingestandenen Neigung (einem Stück zu gestaltender »Wirklichkeit«) eine Interpretation, mit der ein Handlungsmuster verknüpft ist.[55]

Ambivalenzen allenthalben: Wer lebend literarischen Mustern folgt, führt einerseits eine bedauernswerte Schattenexistenz: nicht selbstbestimmt, nicht frei, vielfältigen Verführungen ausgesetzt. Andererseits könnte das Abziehbild eines Romanhelden immer noch mehr Profil besitzen als jemand, der als unfreie Spielfigur in den Szenarien historisch-ökonomisch-sozialer Fremdbestimmung einfach nur so dahin lebt. (Und, um nochmals an Paolo und Francesca zu denken: Die Verurteilung zu einer rastlosen Existenz im Inferno dürfte eine harte Sühne sein – aber wer hätte sich wohl für ein Liebespaar interessiert, das nach beendeter Lektüre brav, die Leidenschaft verdrängend, zur Tagesordnung übergegangen wäre, statt es dem Personal des Liebesromans nachzutun?) Quijote mag ein Narr sein, aber er steht auch für die anarchische Macht der Phantasie – er tut vor allem nicht einfach,

55 Francesca erzählt dem reisenden Ich, das sich gerade in Inferno aufhält, ihre Geschichte so: »Wir lasen einst, auf Kurzweil nur bedacht, / wie Lanzelot sich wand in Liebesbanden: / Allein war ich mit ihm [Francesco], ohn Arg und Acht. / Beim Lesen kams, daß sich die Blicke fanden, / Und mehr als einmal blich die Wang uns beiden, / Doch eines machte Will und Wehr zuschanden: / Vom Lächeln lasen wir, wie dran sich weiden / Die Blicke, wie ers küßt, der Buhle hehr, – / Da küßt' auch mich, den nichts von mir kann scheiden, / Erzitternd küßte meinen Mund auch er … / Galeotto war das Buch und ders erdachte! / An jenem Tage lasen wir nicht mehr…« (Ein Ritterroman, die Geschichte Lanzelots vom See, ist einmal wieder schuld – wie bei Don Quijote!) Dante: ›Die Göttliche Komödie‹. Deutsch von Friedrich Freiherrn von Falkenhausen. Erster Teil. Frankfurt a. M.: Insel 1974, S. 34.

was man ihm sagt. Dies läßt ihn heute noch zeitgemäß erscheinen. Allerdings sei nicht übersehen, wie anfällig er gerade wegen seiner Offenheit für das »Romanhafte« dann auch wieder für Manipulationen und Betrügereien ist. Literarische Texte als Orientierungshilfen im Chaos der inneren und äußeren Daten haben also durchaus ihre Licht- und Schattenseiten. Diese Ambivalenz bewußt zu machen, ist ein Motiv, der sich besonders die epische Gattung verschrieben hat. Dies hängt nicht zuletzt damit zusammen, daß die Geschichte des Romans die Entwicklung des Bewußtseins von der transzendentalen Unbehaustheit und Orientierungslosigkeit des Subjekts spiegelt. Die metaliterarischen Romane und Erzählungen werfen insgesamt mehr Fragen auf als Antworten zu geben, und jeder Befund, den sie im Hinblick auf den Leser und dessen »Wirklichkeit« vermitteln, führt nur wieder auf neue Fragen. Entscheidend ist die Beunruhigung, welche von der Idee eines Lebens ausgeht, das die Literatur kopiert: Wer sein Leben nach Maßgabe literarisch vermittelter Klischees gestaltet und deutet, mag als bloßes Double eines fremden Originals gelten; treibt er aber nicht bloß auf die Spitze, was jeder Angehörige einer Kultur- und Traditionsgemeinschaft immer schon tut?

Die Idee einer Organisation und Interpretation der Lebenswirklichkeit von der Literatur her ist im übrigen ja nicht zwangsläufig beklemmend; sie kann im Gegenteil auch für die Hoffnung darauf stehen, daß sich die produktive Einbildungskraft der blanken Faktizität annehme, um dem an sich Formlosen Gestalt und dem Leben eine »Bedeutung« zu verleihen – ein Akt der Notwehr desorientierter Subjekte. Fließend gestaltet sich die Grenze zwischen der Kritik am literarischen Medium als einer Verführung zum falschen Leben einerseits, der affirmativen Beurteilung literarisch präformierter Ordnungsmuster andererseits. (Nochmals: Wäre

Don Quijote als »Realist« überhaupt der Rede wert? Und welchen Mustern folgen jene, die ihm gegenüber die Ansprüche der »wahren« Wirklichkeit zu vertreten scheinen?) So mag die Orientierung am Roman bei der Auslegung der eigenen Lebensgeschichte illusorisch sein – aber es handelt sich immerhin um die Illusion eines Zusammenhangs, den die Erfahrungspartikel sonst nicht besäßen. Und wenn das Leben des Lesers ein Stück »Sekundärliteratur« (Günter Eich) ist – wäre es andernfalls überhaupt »lesbar«? Mit dem Thema der Interferenz zwischen Literatur und (innerem wie äußeren) Leben verbunden sind letztlich diverse Grundsatzfragen, die schon von romantischen Texten aufgeworfen und durch die Literatur des 20. Jahrhunderts als Fragen rekapituliert werden: Gibt es eine Wirklichkeit »jenseits« der Literatur? Wo führt die Suggestivkraft literarisch imaginierter »Wirklichkeit« zu einer Konsolidierung, ja Erstarrung dessen, was die Leser als ihre Welt begreifen, d. h. wo wird die Welt, in der sich diese Leser lokalisieren, zum einfallslosen Derivat einer festen Vorgabe? Und wo bewirkt umgekehrt gerade die Einlassung auf literarische Entwürfe eine Destabilisierung des sogenannten »Tatsächlichen«? Gerade die »Literarisierung« des Lebens kann ja auch im Zeichen des schöpferischen »Möglichkeitssinnes« stehen. In welchem Maße nehmen literarische Texte Einfluß auf den Selbstentwurf des lesenden Ichs? Beeinträchtigen sie die Realisierung seiner Individualität? Subversiver noch: Gibt es überhaupt Individuen? Oder ist das »Individuum« eine der suggestivsten literarischen Fiktionen? Ist die Idee freien und selbstbestimmten Handelns ebenso eine von Literaten produzierte Chimäre wie die einer »wirklichen Wirklichkeit« oder die einer ursprünglichen »Natur«? Wie auch immer diese Fragen beantwortet werden mögen – das Thema der fließenden Grenzen zwischen Buch-Welt und Außenwelt steht im Zeichen der Spannung zwischen literarischer Selbstkritik und transzendentaler Reflexion.

Dafür nur wenige illustrierende Beispiele aus dem beginnenden 19. sowie aus dem 20. Jahrhundert: Jean Pauls Protagonisten sind weitgehend charakterisiert durch ihre Neigung, innerlich und äußerlich Erlebtes »literarisch« zu begreifen; Walt und Vult (›Flegeljahre‹), Siebenkäs und Leibgeber (›Siebenkäs‹) sehen das Leben gern als Roman und versuchen, es als einen solchen zu gestalten. Tendenzen zur Verfehlung der konkreten Realität sind dabei unübersehbar. Mit der Gestalt Roquairols im »Titan« entwirft Jean Paul ein frühes und drastisches Paradigma völliger Reduktion eines Ichs auf ein Stück Literatur; Mathieu aus der »Unsichtbaren Loge« war der Vor-Entwurf des identitäts- und weltlosen Rollenspielers Roquairol. Unter anderem Blickwinkel wird die »Literarisierung« des Lebens anläßlich skurril-humoristischer Gestalten wie Fibel (›Leben Fibels‹) und Nikolaus Marggraf (›Der Komet‹) dargestellt: Auch die Wirklichkeit dieser Helden unterliegt der eigenwilligen Regie ihrer poetischen Einbildungskraft. Dies aber erscheint hier als ein – wenngleich problematischer – Ausweg aus dem Gefängnis der alltäglichen Wirklichkeit, als ein Akt der Auflehnung des Besonderen gegen das Allgemeine – ja als einzig bedenkenswerte Strategie der Gestaltung des eigenen Lebens. Die Affinität Jean Paulscher Figuren zur Literatur hat zwei Gesichter: Sie bringt den Derivat-Menschen ebenso hervor wie den Helden der weltverwandelnden Einbildungskraft.

Max Frischs Roman »Stiller« erhebt den Befund vom Zeitalter der Reproduktion: Was immer das Ich erlebt, ist durch literarische Vorgaben vermittelt. Über die eigentlichen Erlebnisse, in denen sich das Ich punktuell un-vermittelt erfährt, läßt sich nicht sprechen, da sie dem Sagbaren inkompatibel sind. Wer etwas über sich mitteilen möchte, verfällt dem literarischen Klischee; jedes »lesbare« Ich ist eine Kopie.[56] Stillers Geschichte berichtet nun nicht allein von solchen Wiederholungszwängen, die zur Literarisierung des Lebens führen – ihr plot selbst ist die »Wiederholung« eines literarischen Musters. Von Frischs Held, der nach inszeniertem Scheintod wiederkehrt, um eine Kopie seines ersten Lebens zu leben (das allerdings selbst schon kein »authentisches« und selbstbestimmtes Leben war), geht der Weg zurück zu Pirandellos Mattia Pascal (der von Stiller kopiert wird), und von dort zu Jean Pauls Siebenkäs (der von Pirandellos Held kopiert wird). Als Illusion erweist sich bei allen drei Romanhelden die Idee eines authentischen Lebens. Trotz aller Kritik am »reproduktiven« Charakter des Lebens betont Frisch aber

56 Vgl. dazu vor allem die vielzitierten Überlegungen des Ich-Erzählers über die Vermitteltheit aller inneren und äußeren Erfahrungen: »Wir leben in einem Zeitalter der Reproduktion. Das allermeiste in unserem persönlichen Weltbild haben wir nie mit eigenen Augen erfahren, genauer: wohl mit eigenen Augen, doch nicht an Ort und Stelle; wir sind Fernseher, Fernhörer, Fernwisser. Man braucht dieses Städtchen nie verlassen zu haben, [...] um den Schah von Persien aus drei Meter Entfernung zu kennen und zu wissen, wie der Monsun über den Himalaya heult oder wie es tausend Meter unter dem Meeresspiegel aussieht. Kann heutzutage jeder wissen. Bin ich deswegen je unter dem Meeresspiegel gewesen; bin ich auch nur beinahe (wie die Schweizer) auf dem Mount Everest gewesen? [...] Daß ich meine Mordinstinkte nicht durch C. G. Jung kenne, [...] Spanien nicht durch Hemingway, Paris nicht durch Ernst Jünger, die Schweiz nicht durch Mark Twain, Mexiko nicht durch Graham Greene, [...] zum Teufel, wie soll ich es [...] beweisen?« Max Frisch: ›Stiller‹. In: ›Werke‹. Hrsg. von Hans Mayer unter Mitwirkung von Walter Schmitz. Bd. 3. Frankfurt a. M.: Suhrkamp, S. 535f. – In einem Gespräch mit Horst Bienek bemerkt Max Frisch: »[...] jedes Ich, das erzählt, ist eine Rolle. [...] Jede Geschichte, die sich erzählen läßt, ist eine Fiktion«. In: Horst Bienek: ›Werkstattgespräche mit Schriftstellern‹. München 1965, S. 24.

auch die Unabdingbarkeit von Geschichts-Mustern für das Ich. Zwar verfremdet dies im erzählenden Rekurs auf solche Muster seine ursprünglichen Erlebnisse; andernfalls jedoch bliebe es ohne jede Artikulation und verlöre sich im Unwahrnehmbaren.[57] Wer eine Erfahrung gemacht hat, sucht anschließend nach einer »Geschichte« für diese Erfahrung, auch wenn er sich diese ausborgen muß wie ein fremdes Kleid. Das dem Erzählen aufgeprägte Gesetz der »Wiederholung« ist dabei nicht zu umgehen. An im weiteren Sinne stets »literarische« Muster gebunden, sollte sich das Ich deren Beliebigkeit und Austauschbarkeit aber bewußt sein. Literatur ist für Frisch im wesentlichen Vermittlerin eben dieses Bewußtseins; sie verhält sich subversiv gegenüber dem naiven Glauben an »Geschichten«.

> Jeder Mensch erfindet sich eine Geschichte, die er dann, oft unter gewaltigen Opfern, für sein Leben hält, oder eine Reihe von Geschichten, die sich mit Ortsnamen und Daten durchaus belegen lassen, so daß an ihrer Wirklichkeit nicht zu zweifeln ist. Nur der Schriftsteller glaubt nicht daran. [...] Indem ich weiß, daß jede Geschichte, wie sehr sie sich auch belegen läßt mit Fakten, meine Erfindung ist, bin ich Schriftsteller.[58]

57 Vgl. Max Frisch: ›Tagebuch 1946-1949‹. In: ›Werke‹. Bd. 2. Frankfurt a. M.: Suhrkamp 1986, S. 381. »Wenn auch nur die Form eines einzelnen Satzes gelingt, der scheinbar nichts mit allem gemein hat, was ringsum geschieht – wie wenig das Uferlose uns anhaben kann, das Gestaltlose im eigenen Innern und rings in der Welt! Das menschliche Dasein, plötzlich erscheint es lebbar, ohne weiteres, wir ertragen die Welt, sogar die wirkliche, den Blick in den Wahnwitz: wir ertragen ihn in der wahnwitzigen Zuversicht, daß das Chaos sich ordnen lasse, fassen lasse wie ein Satz, und die Form, wo immer sie einmal geleistet wird, erfüllt uns mit einer Macht des Trostes, die ohnegleichen ist.«

58 Max Frisch: ›Unsere Gier nach Geschichten‹ (1960). In: ›Werke‹. Bd. 4. Frankfurt a. M.: Suhrkamp 1986, S. 263.

Hermann Burger repräsentiert jenen zeitgenössischen Autoren-Typus, für den Schreiben und Leben eng miteinander verknüpft, ja letztlich identisch sind. Ähnliches gilt etwa für Franz Kafka und Paul Nizon, um hier nur zwei Namen zu nennen. Dieses Selbstbewußtsein als Schreibender und als Medium der Instanz Literatur ist ambivalent: Einerseits scheint der Schreibende »zu sich« zu finden, indem er sich in der Welt literarischer Texte lokalisiert, andererseits mag er bis zur Gesichtslosigkeit in ihr aufgehen. Burgers Schreckgestalt des »Manns aus Wörtern«, einer Gestalt aus bloßen Sprach-Zeichen, steht für die drohende Aufhebung des Ichs, seine Auflösung in Formeln.[59] Der Ich-Erzähler in »Blankenburg« findet dagegen angesichts unmittelbar drohenden Ich- und Weltverlusts ausgerechnet durch die Literatur zu sich und zu den Dingen: Beschrieben, literarisiert und der Bibliothek integriert, wird sein Leben, wird seine Existenz lesbar. Durch die Assimilation an literarische Entwürfe aufgefangen, entgeht dieses Ich der Ver-Nichtung:[60] Darum sehnt es sich danach, selbst ein »Buchstabe« zu werden. Die hier schreibende (und dabei vielfach zitierende, kopierende, sich selbst als »Kopie« präsentierende) Erzählerinstanz ist zwar ein »Ich« aus zweiter Hand, ein Derivat-Ich, aber allein als solches hat es offenbar eine Überlebenschance. Der von anderen Autoren erhobene Befund bestätigt sich bei Burger: Nur als lesbares – als durch vielfache literarische Vermittlung lesbar gemachtes – ist das Leben überhaupt noch lebbar; die Literarisierung des Ichs, die Assimilation an literarisch vermittelte Muster erscheint als einziger, wenngleich prekärer Ausweg aus einer Situation, da sich der Mensch völlig unbegreiflich,

59 Hermann Burger: ›Ein Mann aus Wörtern‹. Frankfurt a. M.: S. Fischer 1983.

60 Hermann Burger: ›Blankenburg‹. In: ›Blankenburg. Erzählungen‹. Frankfurt a. M.: S. Fischer 1986, S. 23-157.

im buchstäblichen Sinne unfaßlich geworden ist. Prekär darum, weil Burgers Ich seine Abhängigkeit von literarischen Entwürfen in einem Maße widerstandslos annimmt, die es dem »Mann aus Wörtern« wieder ähnlich erscheinen läßt.

Man könnte diese Liste literarischer Beispiele für die Reflexion über literarische Lebens- und Erlebensmuster ganz erheblich verlängern. Betont sei nochmals: Die Thematik des von Geschriebenem abhängigen Lebens hat, je nach eingenommenem Standpunkt, eine hellere und eine finsterere Seite. So mag die kritische Reflexion über Helden, die sich selbst zu Kopien von Vor-Schriften reduzieren, als Mahnung zur Emanzipation gedeutet werden; die Skepsis gegenüber »literarischen« Lebensmustern besitzt dann eine kulturkritische und aufklärerische Dimension. (Die Aufforderung mag lauten, einen eigenen Lebensroman zu entwerfen, statt schon Geschriebenes zu transkribieren.) Bei aller Kritik an gesellschaftlich-allgemeinen und individuellen Verhaltensweisen wird die Möglichkeit einer Lösung von jenen Mustern hier also nicht ausgeschlossen. Demgegenüber steht der letztlich mit jeglichem Emanzipationspostulat nicht zu vereinbarende Befund heilloser Gefangenschaft des Menschen in der Textur eines Geschehens, das er sich nicht selbst ausdenkt und über das er nicht regiert. Sind wir alle ein Stück Literatur – nicht einmal Primär-, sondern Sekundärliteratur?

Vierte These
Die Auslegung der Wirklichkeit anhand literarischer Modelle entzieht sich jeder Widerlegung

Der Fall Don Quijotes zeigt über die »Literarisierung« des Lebens und der Wirklichkeit hinaus noch ein weiteres: Der »Wahn« des Helden ist unwiderlegbar; es gibt keinen festen

Standort »außerhalb« seiner Vorstellungswelt, von dem aus diese sich einklammern und durchstreichen ließe. Und das heißt: Von keinem festen und überlegenen Punkt aus ist die Frage nach der »wirklichen Wirklichkeit« zu beantworten. Analoges wie für Quijote gilt etwa für Jean Pauls Romanheld Nikolaus Marggraf im ›Komet‹-Roman. In der modernen Literatur – etwa bei Frisch – verschiebt sich die Problematik: Während Quijote und Marggraf an ihre Wirklichkeiten, also an ihre individuellen Auslegungen des »Faktischen« glauben durften, liefern Stiller und sein Nachfolger Gantenbein[61] absichtsvoll beliebige Geschichten als Surrogate einer ebenso scheinhaften »Realität«. Doch wiederum gibt es keinen verbindlichen Standpunkt, von dem aus zwischen literarisch-imaginären Konstrukten und »wirklicher« Wirklichkeit unterschieden werden könnte – im Gegenteil: schon der Versuch solcher Differenzierung erscheint lächerlich. Selbst die radikale These, alles vorgeblich Wirkliche sei nur literarisch-künstlerische Vorspiegelung, läßt sich nicht widerlegen, da sie gerade die Existenz jenes »realen« Ansatzpunkts bestreitet, von dem aus das angeblich Vorgespiegelte aus den Angeln gehoben werden könnte. Analoges gilt übrigens für den radikalen erkenntnistheoretischen Idealismus – wie in Borges' Erzählung nicht zufällig der Chronist Tlöns in Erinnerung bringt:

> »Hume hat ein für allemal festgestellt, daß die Argumente von Berkeley nicht die geringste Erwiderung zulassen und nicht die geringste Überzeugung hervorrufen.«[62]

Die These von der literarisch-sprachlichen Präformation der Erfahrungswelt ist schwerlich widerlegbar, und sie ist wohl

61 Max Frisch: ›Mein Name sei Gantenbein‹. In: ›Werke‹. Bd. 5. Frankfurt a. M.: Suhrkamp 1986.

62 Borges: ›Tlön, Uqbar, Orbis tertius‹, S. 99.

ebensowenig mit diskursiven Mitteln zu beweisen. Hingegen ist sie offensichtlich »demonstrierbar« im literarischen Medium, wie die erörterten Beispiele belegen sollten. (Erinnert sei an die Wittgensteinsche Unterscheidung zwischen dem Sagbaren und dem, was »sich zeigt«; wo es keine Metasprache jenseits der Sprache gibt, von der aus diese letztere zu korrigieren oder gar zu »begründen« wäre, dort kann man Sprache nur in Gestalt von Sprach-Spielen vorführen, um ihr Funktionieren transparenter zu machen.) Jene Unbeweisbarkeit unserer These ergibt sich nicht zuletzt daraus, daß schon ihre Erörterung an das Medium Sprache gebunden ist und in einem sprachlich erschlossenen Horizont steht. Gerade innerhalb eines solchen Horizontes aber sind »Literatur« und »Wirklichkeit« keine voneinander unabhängigen Vergleichsrelate. Jede »besprochene« Wirklichkeit ist ja – wie oben ausgeführt – immer schon in sprachlichen Ordnungsmustern erschlossen, ist eine der Tendenz nach »literarisierte« Wirklichkeit. (»Literarisiert« nicht zuletzt insofern, als epische, dramatische oder auch lyrische Strukturen bei jeder sprachlichen Gestaltung mit im Spiel sind.) Von einer Realität »jenseits« der Sprache kann überhaupt nicht gesprochen werden; folglich ist sie auch nicht gegen die sprachlich ausgelegte – die erzählte oder dramatisierte – ausspielbar. Die Sprachspiele, in denen Wirkliches sich erschließt – sei es in der alltäglichen Praxis, in der Wissenschaft oder in literarischen Prozessen – sind nicht hintergehbar, sondern können sich allenfalls in anderen, in weiter ausgreifenden Sprachspielen reflektieren. Literatur inszeniert solch komplexe Sprachspiele, um von ihnen her die Bedingungen einer Konstitution innerer und äußerer Wirklichkeit zu erhellen.

Anders gesagt: Es gibt keinen Ort »jenseits« von Literatur und Wirklichkeit, von dem aus sich zwischen beiden klar differenzieren ließe. Denn dieser Ort müßte – und dies ist unmöglich – ein Standort »jenseits« der Sprache sein, welche jeglichem Wirklichkeitsentwurf bedingend zugrundeliegt. Über eine »Grenze« zwischen literarischem »Urbild« und wirklichem »Abbild« zu sprechen, impliziert stets schon ein »Über-sie-hinweg-Sprechen«. Literarische Modelle wirken auch und gerade dort, wo sie um einer unterstellten »Tatsächlichkeit« willen ausgegrenzt werden sollen. Davon erzählt, dies illustriert vor allem die moderne Spielart einer »Poesie der Poesie«. Radikale Modelle wie der Fall Tlön deklarieren die Wirklichkeit zu einem letztlich beliebigen Stück Literatur, die Geschichte zu einem Stück Literaturgeschichte. Provokant formuliert: Die »wirkliche Wirklichkeit« ist für den Tlönisten die subtilste aller sprachlichen Fiktionen, und wenn überhaupt, so kann das Bewußtsein dafür durch literarische Lektüren geweckt werden.

Man könnte noch einen weiteren Grund dafür angeben, warum der Versuch, im Namen einer angenommenen »wirklichen Wirklichkeit« die literarischen Weltentwürfe abzuwerten, zum Scheitern verurteilt ist: Die Differenzierung zwischen »Literatur« und »Wirklichkeit« ist selbst nichts anderes als ein literarischer Topos, ironisch-spielerisch schon im »Don Quijote« entwickelt und bis in die Gegenwartsliteratur hinein nachwirkend. Wer so tut, als ließe sich ein literarischer Weltentwurf als bloße Vorspiegelung entlarven und von außerliterarisch-»realer« Erfahrung unterscheiden, der nimmt selbst eine künstlich zurechtgelegte Perspektive ein und argumentiert auf der Basis von Argumenten, die er sich angelesen hat.[63] Wenn uns der Chronist von Tlön über die Assimilation seiner Lebenswelt an die Phantasmen einer Literatengruppe berichtet – wer garantiert uns, daß es vor

63 Vgl. dazu analoge Überlegungen bei Wolfgang Iser: ›Akte des Fingierens‹. In: ›Poetik und Hermeneutik X‹, S. 138.

den Zeiten Tlöns eine andere Welt gab? Und wenn es sie gab: Welcher Phantasie mochte sie entsprungen sein?

Eine letzte, resümierende These sei formuliert: Die immanente Poetik der modernen Literatur ist eine Poetik der Vorahmung. Literarische Texte erkunden jene Räume hinter und vor dem Spiegel, den die Textfläche bildet – Räume, die nicht als »wirklich« und als »fiktional« gegeneinander abgegrenzt werden können, deren Spiegelbildlichkeit die Frage nach einem »Urbild« allerdings nahelegt. Moderne Literatur nimmt für sich in Anspruch, selbst die »Urbilder« zu liefern und deklariert die sogenannte Realität zu ihrem Abbild. Indem sie sich ihrer transzendentalen Dimension bewußt wird, sucht sie sich letztlich selbst auf den Grund zu gehen. Doch einen letzten »Grund« erreicht sie nie, bleibt befangen im Prozeß unendlicher Spiegelung.

Über die Autorin

Monika Schmitz-Emans: Geboren 1956 in Leverkusen, Studium der Germanistik, Philosophie, Italianistik und Pädagogik in Bonn. 1984 Promotion in Bonn, wissenschaftliche Mitarbeiterin am Bonner Germanistischen Seminar von 1983 bis 1989, ab 1988 zeitweise auch Lehrbeauftragte an den Universitäten Essen und Jena. 1992 Habilitation in Bonn; seit Dezember 1992 Professorin für Europäische Literatur der Neuzeit an der Fernuniversität Hagen.